Histoires Courtes en Italien

Apprendre l'Italien facilement en lisant des histoires courtes

Marco Ricci

greenthumbpublishing@gmail.com

Contenu

Introduction

Lire dans une langue étrangère est l'un des moyens les plus efficaces d'améliorer ses compétences linguistiques et d'enrichir son vocabulaire. Cependant, il est parfois difficile de trouver des supports de lecture attrayants, d'un niveau approprié, qui procurent un sentiment de réussite et de progrès. La plupart des livres et articles écrits pour des locuteurs natifs peuvent être trop longs et difficiles à comprendre ou contenir un vocabulaire de très haut niveau, de sorte que vous vous sentez dépassé et abandonnez. Si ces problèmes vous sont familiers, alors ce livre est pour vous !

Histoires Courtes en Italien est une collection de 25 histoires courtes non conventionnelles et divertissantes qui sont conçues pour aider les apprenants de niveau débutant à intermédiaire D'italien à améliorer leurs compétences linguistiques.

Ces histoires courtes créent un environnement propice à la lecture en incluant ;

- Un contenu linguistique riche dans différents genres pour vous divertir et vous exposer à une variété de formes de mots.
- Des histoires plus courtes en chapitres pour vous donner la satisfaction de terminer des histoires et de progresser rapidement.
- Des textes écrits à votre niveau afin qu'ils soient plus facilement compréhensibles et ne vous dépassent pas.
- Traduction française sur des pages alternées afin que vous puissiez vous y référer directement ligne par ligne tout en lisant l'histoire D'italien.
- Le vocabulaire clé est imprimé en gras tout au long

de l'histoire et de la traduction pour vous aider à comprendre plus facilement les mots qui ne vous sont pas familiers.

- Des questions de compréhension pour tester votre compréhension des événements clés et vous encourager à lire plus en détail.

Que vous souhaitiez enrichir votre vocabulaire, améliorer votre compréhension ou simplement lire pour le plaisir, ce livre est le plus grand pas en avant que vous ferez dans vos études cette année. Histoires Courtes en Italien vous apportera tout le soutien dont vous avez besoin, alors asseyez-vous, détendez-vous et laissez libre cours à votre imagination en vous laissant transporter dans un monde magique d'aventures, de mystères et d'intrigues - en D'italien!

Comment utiliser ce livre

La lecture est un talent difficile à maîtriser. Nous utilisons toute une série de micro-compétences pour nous aider à lire dans notre langue maternelle. Par exemple, nous pouvons parcourir un passage pour en comprendre le sens, ou l'essentiel. Nous pouvons aussi passer au peigne fin les nombreuses pages d'un horaire de train à la recherche d'une heure ou d'un lieu précis. Si ces micro-compétences sont une seconde nature lorsque nous lisons dans notre langue maternelle, les recherches révèlent que nous en oublions souvent la plupart lorsque nous lisons dans une langue étrangère. Lorsque nous apprenons une langue étrangère, nous commençons généralement par le début d'un texte et le parcourons en essayant de comprendre chaque mot. Inévitablement, nous rencontrons des termes peu familiers ou complexes et nous sommes gênés par notre incapacité à les comprendre.

L'un des principaux avantages de la lecture dans une langue étrangère est que vous êtes exposé à un grand nombre de phrases et d'expressions utilisées dans des situations quotidiennes. La lecture extensive est un terme utilisé pour décrire la lecture pour le plaisir dans le but d'apprendre une langue. En d'autres termes, la lecture approfondie de manuels scolaires aide généralement à l'apprentissage des règles de grammaire et d'un vocabulaire particulier, mais la lecture extensive d'histoires aide à l'apprentissage du langage naturel.

Histoires Courtes en Italien vous donnera l'occasion d'en apprendre davantage sur la langue naturelle D'italien en usage, même si vous avez peut-être commencé votre voyage d'apprentissage des langues uniquement avec

des manuels. Voici quelques conseils à garder à l'esprit lorsque vous lirez les histoires de ce livre pour en tirer le meilleur parti : Lorsqu'il s'agit de lire, le plaisir et le sentiment d'accomplissement sont essentiels. Vous en redemandez parce que vous aimez ce que vous lisez. Lire chaque histoire du début à la fin est la meilleure méthode pour prendre plaisir à lire des histoires et se sentir accompli. Par conséquent, la chose la plus cruciale est d'arriver à la fin d'une histoire. C'est en fait plus important que de connaître chaque mot.

Plus vous lisez, plus vous acquerrez de connaissances. Vous aurez rapidement une connaissance du fonctionnement de la D'italien si vous lisez de gros livres pour le plaisir. Cependant, gardez à l'esprit que pour tirer tous les bénéfices d'une lecture extensive, vous devez d'abord lire un volume suffisamment important. Lire quelques pages ici et là peut vous apprendre quelques nouveaux mots, mais cela ne fera pas une différence significative dans votre niveau global de D'italien.

Acceptez le fait que vous ne comprendrez pas tout ce que vous lisez dans un roman. C'est, sans aucun doute, le point le plus crucial ! N'oubliez jamais que le fait de ne pas comprendre tous les mots ou toutes les phrases est tout à fait acceptable. Cela ne signifie pas que vos compétences linguistiques sont insuffisantes ou que vos résultats sont médiocres. Cela indique que vous participez activement au processus d'apprentissage.

Guide de lecture

Afin de tirer le meilleur parti de la lecture d'Histoires Courtes en Italien, il est préférable que vous suiviez ce processus de lecture simple en six étapes pour chaque chapitre des histoires :

1. Lisez le titre du chapitre. Réfléchissez à ce que pourrait être le sujet de l'histoire. Puis lisez l'histoire jusqu'au bout. Votre objectif est simplement d'atteindre la fin de l'histoire. Par conséquent, ne vous arrêtez pas pour chercher des mots et ne vous inquiétez pas s'il y a des choses que vous ne comprenez pas. Essayez simplement de suivre l'intrigue.

2. Lorsque vous arrivez à la fin de l'histoire, parcourez la traduction française pour voir si vous avez compris ce qui s'est passé et reprenez tout contexte qui vous aurait échappé.

3. Revenez en arrière et relisez la même histoire. Si vous le souhaitez, vous pouvez vous concentrer davantage sur les détails de l'histoire qu'auparavant, mais sinon, lisez-la simplement une fois de plus.

4. Ensuite, répondez aux questions de compréhension en D'italien pour vérifier votre compréhension des événements clés de l'histoire. Si vous ne comprenez pas entièrement les questions, ne vous inquiétez pas. Utilisez vos connaissances pour répondre du mieux que vous pouvez.

5. A ce stade, vous devriez avoir une certaine compréhension des principaux événements du chapitre. Si ce n'est pas le cas, vous pouvez relire le chapitre

plusieurs fois en utilisant la traduction pour vérifier les mots et les phrases inconnus jusqu'à ce que vous vous sentiez en confiance.

Une fois que vous êtes prêt et sûr d'avoir compris ce qui s'est passé - que ce soit après une ou plusieurs lectures de l'histoire - passez à l'histoire suivante et continuez à apprécier l'histoire à votre propre rythme, comme vous le feriez pour n'importe quel autre livre.

Ce n'est qu'une fois que vous avez terminé une histoire dans son intégralité que vous pouvez envisager de revenir en arrière et d'étudier le langage de l'histoire plus en profondeur si vous le souhaitez. Au lieu de vous inquiéter de tout comprendre, prenez le temps de vous concentrer sur ce que vous avez compris et de vous féliciter pour tout ce que vous avez fait.

Histoires Courtes

en Italien

Un giorno a Roma

La giornata è **iniziata** presto per Roma. Il sole è sorto sulla città, proiettando un caldo bagliore sugli antichi edifici e sulle strade. C'era una **sensazione** di eccitazione nell'aria, mentre la gente cominciava a svegliarsi e a prepararsi per la giornata che l'attendeva. Per alcuni, sarebbe stata una giornata trascorsa a esplorare tutto ciò che Roma aveva da offrire: la sua ricca storia, l'arte e la **cultura**. Per altri, invece, sarebbe stata una giornata più rilassata, magari gustando un pasto tranquillo o ammirando i **panorami da** uno dei tanti punti **panoramici** della città. Ma qualunque fosse il loro programma, tutti erano d'accordo che oggi sarebbe stata una giornata speciale. Con l'avvicinarsi **del mezzogiorno**, il suono delle campane in tutta Roma segnalò che era giunto il momento di dirigersi **verso** Piazza San Pietro.

Qui, Papa Francesco si è rivolto ai presenti prima di guidarli in una **processione** attraverso alcuni dei luoghi più iconici di Roma: Il **Colosseo**, la Città del Vaticano e infine la Fontana di Trevi, dove avrebbe benedetto i presenti. Si preannunciava un'esperienza **indimenticabile** per tutti i partecipanti! Con il passare della giornata, Roma ha iniziato a riempirsi di persone provenienti da tutto il mondo, desiderose di **vedere**

Une journée à Rome

La journée a **commencé** tôt à Rome. Le soleil s'est levé sur la ville, jetant une lueur chaude sur les bâtiments et les rues antiques. Il y avait un **sentiment** d'excitation dans l'air alors que les gens commençaient à s'agiter et à se préparer pour la journée à venir. Pour certains, ce sera une journée passée à explorer tout ce que Rome a à offrir - sa riche histoire, son art et sa **culture**. Pour d'autres, ce serait une journée plus détendue, peut-être en prenant un repas tranquille ou en admirant le **paysage** depuis l'un des nombreux points de **vue** de la ville. Mais quels que soient leurs plans, tout le monde était d'accord pour dire que cette journée allait être spéciale. À l'approche de **midi**, le son des cloches qui sonnent dans tout Rome signale qu'il est temps de se diriger **vers la** place Saint-Pierre.

Là, le pape François s'adressera aux personnes rassemblées avant de les conduire en **procession** à travers certains des sites les plus emblématiques de Rome : Le **Colisée**, la Cité du Vatican, et enfin la Fontaine de Trevi, où il bénira les personnes présentes. L'expérience promettait d'être **inoubliable** pour tous les participants ! Au fil de la journée, Rome a commencé à se remplir de personnes venues du monde entier, impatientes d'**apercevoir le** pape François.

Papa Francesco. L'atmosfera era elettrica, mentre tutti aspettavano il suo arrivo. Quando finalmente è apparso, la folla lo ha acclamato con grande entusiasmo mentre si dirigeva verso Piazza San Pietro. **Di tanto in tanto si è** fermato a parlare con i **presenti**, prendendo tempo per ascoltare le loro storie e offrire parole di saggezza e incoraggiamento. Il suo calore e la sua gentilezza erano evidenti a tutti ed era chiaro che si stava divertendo immensamente. Dopo aver trascorso un po' di tempo in piazza, Papa Francesco ha guidato la **processione** per le strade di Roma, fermandosi periodicamente per benedire coloro che si trovavano lungo il percorso.

L'intera città sembrava viva di eccitazione: è stata davvero un'**esperienza** unica nella vita! Al calar della sera, Papa Francesco ha fatto ritorno a Città **del Vaticano**, dove avrebbe trascorso la notte. Ma prima di farlo, si è fermato alla Fontana di Trevi, dove ha benedetto i presenti prima di guidarli in una preghiera. È stato un momento **emozionante** per molti, che hanno riflettuto sull'incredibile giornata trascorsa. Per alcuni sarà un **ricordo che conserveranno** per sempre; altri porteranno con sé le lezioni apprese o le nuove amicizie nate durante il loro soggiorno a Roma. Ma una cosa è certa: questa è stata una giornata unica. Quando il sole è tramontato su Roma, nell'aria si respirava una sensazione di felicità e soddisfazione.

L'atmosphère était électrique alors que tout le monde attendait son arrivée avec impatience. Lorsqu'il est enfin apparu, la foule l'a acclamé alors qu'il se dirigeait vers la place Saint-Pierre. Il s'est arrêté de **temps en temps** pour parler avec les personnes **rassemblées**, prenant le temps d'écouter leurs histoires et d'offrir des mots de sagesse et d'encouragement. Sa chaleur et sa gentillesse étaient évidentes pour tous, et il était clair qu'il s'amusait énormément. Après avoir passé un peu de temps sur la place, le pape François a ensuite conduit la **procession** dans les rues de Rome, s'arrêtant périodiquement pour bénir les personnes qui suivaient le parcours.

La ville entière semblait animée par l'excitation - c'était vraiment une **expérience** unique dans une vie ! À la tombée de la nuit, le pape François a repris le chemin de la Cité du **Vatican**, où il devait passer la nuit. Mais avant cela, il s'est arrêté à la fontaine de Trevi, où il a béni les personnes qui s'y étaient rassemblées avant de les guider dans une prière. Ce fut un moment **émouvant** pour beaucoup, qui ont réfléchi à l'incroyable journée qu'ils venaient de vivre. Pour certains, il s'agit d'un **souvenir qu'**ils chériront à jamais ; d'autres retiendront les leçons apprises ou les nouvelles amitiés nouées pendant leur séjour à Rome. Mais une chose était certaine : cette journée était unique en son genre. Alors que le soleil se couchait sur Rome, il y avait un sentiment de bonheur et de satisfaction dans l'air.

Domande di comprensione

1. Quali erano le cose che le persone facevano per prepararsi alla giornata?

2. Cosa significava il suono delle campane?

3. Dove il Papa avrebbe guidato la processione?

4. Come ha fatto Papa Francesco ad attraversare la città?

5. Che atmosfera si respirava a Roma?

6. Qual è stato il comportamento del Papa?

7. Che cosa ha fatto il Papa alla fine della giornata?

8. Che cosa si provava in città quando la giornata volgeva al termine?

9. Quale sarebbe il ricordo duraturo per coloro che hanno vissuto questa giornata?

10. Cosa ha reso la giornata indimenticabile?

Questions de compréhension

1. Quelles étaient les choses que les gens faisaient pour se préparer à la journée ?

2. Que signifiait le son des cloches ?

3. Où le pape allait-il conduire la procession ?

4. Comment le pape François s'est-il frayé un chemin dans la ville ?

5. Quelle était l'atmosphère à Rome ?

6. Quel était le comportement du pape ?

7. Qu'a fait le pape à la fin de la journée ?

8. Quel était le sentiment dans la ville alors que la journée touchait à sa fin ?

9. Quel serait le souvenir durable pour ceux qui ont vécu cette journée ?

10. Qu'est-ce qui a rendu cette journée inoubliable ?

Una passeggiata a Venezia

La prima volta che ho visto Venezia è stato in una calda giornata estiva. Il sole splendeva e il cielo era azzurro. Camminavo per le strade strette, **ammirando** la bella **architettura** e chiedendomi come sarebbe stato vivere in un posto del genere. Arrivai a una piccola piazza al cui centro c'era una fontana. Intorno alla fontana c'erano diversi caffè e ristoranti con posti a sedere all'aperto. Mi sedetti a uno dei tavoli e ordinai un caffè. Mentre sorseggiavo il caffè, osservavo la gente che passava e mi meravigliavo di quanto questa città fosse diversa da qualsiasi altro posto in cui fossi mai stata. Dopo aver finito il caffè, ho **continuato a** esplorare Venezia. Ho camminato attraverso **vicoli** tortuosi e ponti sui canali. Ogni svolta sembrava rivelare **qualcosa di** nuovo e interessante. Alla fine cominciò a calare la notte e mi ritrovai di nuovo nella piazza dove avevo iniziato la mia passeggiata ore prima. Guardando tutte le luci che scintillavano nell'**oscurità**, mi sono reso conto che non c'è nessun altro posto come Venezia. È davvero unica tra le città.

Sono tornata a **Venezia** molte volte nel corso degli anni e mi è sempre sembrata un luogo fuori dal tempo.

Une promenade à travers Venise

La première fois que j'ai vu Venise, c'était par une chaude journée d'été. Le soleil brillait et le ciel était bleu. Je marchais dans les rues étroites, **admirant** la belle **architecture** et me demandant ce que ce serait de vivre dans un tel endroit. Je suis arrivé sur une petite place où il y avait une fontaine au centre. Autour de la fontaine se trouvaient plusieurs cafés et restaurants avec des sièges en plein air. Je me suis assis à l'une des tables et j'ai commandé un café. En sirotant mon café, je regardais les gens passer et m'émerveillais de voir à quel point cette ville était différente de tous les autres endroits où j'étais allée. Après avoir terminé mon café, j'ai **continué à** explorer Venise. Je me suis promené dans des **ruelles** sinueuses et sur des ponts au-dessus des canaux. Chaque tournant semblait révéler **quelque chose de** nouveau et d'intéressant. Finalement, la nuit a commencé à tomber, et je me suis retrouvé sur la place où j'avais commencé ma promenade des heures plus tôt. En regardant autour de moi toutes les lumières qui scintillaient dans l'**obscurité**, j'ai réalisé qu'il n'y avait aucun endroit comparable à Venise. Elle est vraiment unique parmi les villes.

Camminando per le sue strade, mi sembrava di essere stato **trasportato in un'**altra epoca. Una sera, mentre passeggiavo lungo uno dei canali, ho sentito qualcuno che suonava della musica. Sembrava un **pianoforte** proveniente da una delle case vicine. Seguii il suono fino ad arrivare a una piccola porta incastonata in un muro. La porta era leggermente aperta e attraverso di essa potei vedere un uomo seduto a un pianoforte in una stanza vuota. Mentre suonava, l'uomo sembrava perso nel suo mondo. Non si accorse che stavo lì a guardarlo. Dopo un po' si alzò e uscì dalla stanza senza voltarsi. Quel momento mi è rimasto impresso negli anni. Era come se Venezia stessa avesse raggiunto e toccato la mia anima con la sua **magia**. Ora, ogni volta che penso a Venezia, ricordo quell'uomo che suonava il pianoforte in una stanza vuota. E non posso fare a meno di **chiedermi** quale sia la sua storia. Chi è e perché suona la musica in quella casa solitaria? Mi piace immaginare che sia un musicista che un tempo ha avuto una grande **carriera**, ma che ora è stato dimenticato dal mondo.

Je suis retourné à **Venise** de nombreuses fois au fil des ans, et elle m'a toujours semblé être un lieu hors du temps. En marchant dans ses rues, j'avais l'impression d'être **transporté** dans une autre époque. Un soir, alors que je me promenais le long de l'un des canaux, j'ai entendu quelqu'un jouer de la musique. On aurait dit un **piano** venant d'une des maisons voisines. J'ai suivi le son jusqu'à ce que j'arrive à une petite porte encastrée dans un mur. La porte était légèrement ouverte, et à travers elle, je pouvais voir un homme assis à un piano dans une pièce vide. Pendant qu'il jouait, l'homme semblait perdu dans son propre monde. Il n'a pas remarqué que j'étais là à le **regarder**. Après un moment, il s'est levé et a quitté la pièce sans se retourner. Ce moment est resté gravé dans ma mémoire au fil des ans. C'était comme si Venise elle-même avait tendu la main et touché mon âme avec sa **magie**. Maintenant, chaque fois que je pense à Venise, je me souviens de cet homme jouant du piano dans une pièce vide. Et je ne peux m'empêcher de **me demander** quelle est son histoire. Qui est-il et pourquoi joue-t-il de la musique dans cette maison isolée ? J'aime imaginer qu'il s'agit d'un musicien qui a fait une grande **carrière** mais qui a été oublié par le monde entier.

Domande di comprensione

1. Qual è la prima impressione del protagonista su Venezia?

2. Cosa pensa il protagonista della gente di Venezia?

3. Cosa fa il protagonista quando sente la musica del pianoforte?

4. Dove si trova la casa dell'uomo?

5. Cosa pensa il protagonista che possa essere successo all'uomo?

6. Qual è l'opinione del protagonista sulla musica?

7. Cosa fa il protagonista quando non riesce a trovare l'uomo?

8. Cosa pensa il protagonista dell'architettura di Venezia?

9. Cosa ordina il protagonista al caffè?

10. Cosa fa il protagonista dopo aver finito il caffè?

Questions de compréhension

1. Quelle est la première impression du protagoniste sur Venise ?

2. Que pense le protagoniste des habitants de Venise ?

3. Que fait le protagoniste lorsqu'il entend la musique du piano ?

4. Où se trouve la maison de l'homme ?

5. Que pense le protagoniste de ce qui a pu arriver à l'homme ?

6. Quelle est l'opinion du protagoniste sur la musique ?

7. Que fait le protagoniste quand il ne trouve pas l'homme ?

8. Que pense le protagoniste de l'architecture de Venise ?

9. Que commande le protagoniste au café ?

10. Que fait le protagoniste après avoir fini son café ?

Esplorare Firenze

Ho sempre desiderato esplorare Firenze e finalmente ne ho colto l'**occasione** quando ho **studiato all'**estero in Italia. La città è ricca di arte e di storia ed ero entusiasta di vedere tutto ciò che aveva da offrire. La mia prima tappa è stata il **Duomo**, una cattedrale assolutamente straordinaria. Poi ho passeggiato per il centro della città, ammirando tutte le bellezze architettoniche. Mi sono anche assicurata di visitare alcuni **musei**, tra cui la Galleria degli Uffizi, dove si possono ammirare alcuni dei famosi dipinti di Michelangelo. Nel complesso, **Firenze** è stata un'esperienza incredibile e sono molto contenta di averla esplorata! Il giorno dopo mi sono alzata presto, desiderosa di esplorare meglio **Firenze**. Ho iniziato passeggiando di nuovo per il centro della città, ammirando tutti i bellissimi edifici e le sculture. Poi mi sono recata al **Giardino** di Boboli, che è assolutamente stupendo. Poi ho **visitato** Palazzo Pitti, un enorme palazzo che ospitava alcune delle famiglie più potenti di Firenze.

Infine, ho concluso la giornata con una passeggiata attraverso uno dei famosi ponti di Firenze, il Ponte Vecchio. È stata un'esperienza **incredibile** e non vedo l'ora di tornarci! Il giorno successivo, ho deciso

Explorer Florence

J'ai toujours voulu explorer Florence, et j'ai finalement saisi l'**occasion** lors de mes **études** à l'étranger en Italie. La ville est pleine d'art et d'histoire, et j'étais impatiente de voir tout ce qu'elle avait à offrir. Mon premier arrêt a été le **Duomo**, qui est une cathédrale absolument stupéfiante. Je me suis ensuite promenée dans le centre-ville, en admirant toute la belle architecture. Je n'ai pas manqué de visiter certains des **musées**, notamment la Galerie des Offices, où l'on peut voir certaines des célèbres peintures de Michel-Ange. Dans l'ensemble, **Florence** a été une expérience incroyable, et je suis si heureuse d'avoir pu l'explorer ! Le lendemain, je me suis levée tôt, impatiente d'explorer davantage **Florence**. J'ai commencé par me promener à nouveau dans le centre-ville, en admirant tous les beaux bâtiments et les sculptures. Je me suis ensuite rendue aux **jardins de** Boboli, qui sont absolument magnifiques. Ensuite, j'ai **visité** le palais Pitti, un immense palais qui abritait autrefois certaines des familles les plus puissantes de Florence.

Enfin, j'ai terminé ma journée par une promenade sur l'un des célèbres ponts de Florence, le Ponte Vecchio. C'était une expérience **incroyable**, et j'ai hâte d'y retourner ! Le lendemain, j'ai décidé d'explorer certains

di esplorare alcuni dei quartieri più piccoli di **Firenze**. Ho iniziato in Oltrarno, noto per i suoi artigiani e negozi. Mi sono poi recata a San Niccolò, dove si può godere di una splendida vista della città dalla cima di una delle sue colline. Infine, ho concluso la giornata a **Santo** Spirito, un bellissimo **quartiere** con molti caffè e ristoranti. È stata un'esperienza incredibile vedere tutti i lati di Firenze e sono così grata di aver avuto l'opportunità di farlo!

Il mio soggiorno a **Firenze** stava per finire, ma avevo ancora alcuni luoghi da esplorare. Ho iniziato il mio ultimo giorno con una visita a Palazzo **Vecchio**, uno degli edifici più famosi della città. Poi ho passeggiato per il Mercato Nuovo, dove si possono trovare tutti i tipi di oggetti interessanti in vendita. Infine, ho concluso la giornata con una passeggiata in Piazza della **Signoria**, che ospita alcune delle **sculture** più iconiche di Firenze. È stata un'esperienza incredibile e sono molto contenta di essere riuscita a vedere tutto ciò che Firenze ha da offrire! Mi sono divertita **moltissimo** a esplorare Firenze e sono molto grata di aver avuto l'opportunità di farlo. La città è piena di arte, storia e cultura e mi è piaciuto molto poterla visitare. Se avete la possibilità di visitare Firenze, ve lo **consiglio**.

des plus petits quartiers de **Florence**. J'ai commencé par Oltrarno, qui est connu pour ses artisans et ses boutiques. Je me suis ensuite rendue à San Niccolo, où l'on peut avoir une vue imprenable sur la ville du haut d'une de ses collines. Enfin, j'ai terminé ma journée à **Santo** Spirito, qui est un beau **quartier** avec beaucoup de cafés et de restaurants. C'était une expérience incroyable de voir toutes les facettes de Florence, et je suis si reconnaissante d'avoir eu l'occasion de le faire !

Mon séjour à **Florence** touchait à sa fin, mais il me restait encore quelques endroits à explorer. J'ai commencé ma dernière journée par une visite du Palazzo **Vecchio, qui est l'**un des bâtiments les plus célèbres de la ville. Ensuite, je me suis promené dans le Mercato Nuovo, où l'on trouve toutes sortes de choses intéressantes à vendre. Enfin, j'ai terminé ma journée par une promenade sur la Piazza della **Signoria**, qui abrite certaines des **sculptures** les plus emblématiques de Florence. C'était une expérience incroyable, et je suis ravie d'avoir pu voir tout ce que Florence a à offrir ! J'ai passé un moment **incroyable** à explorer Florence, et je suis si reconnaissante d'avoir eu l'occasion de le faire. La ville est pleine d'art, d'histoire et de culture, et j'ai adoré pouvoir en faire l'expérience. Si vous avez l'occasion de visiter Florence, je **vous** le **recommande vivement**.

Domande di comprensione

1. Qual è stata la prima tappa del tour dell'autore a Firenze?

2. Quali sono i dipinti più famosi della Galleria degli Uffizi?

3. Che cos'è Palazzo Pitti?

4. Che cos'è il Ponte Vecchio?

5. Per cosa è conosciuto l'Oltrarno?

6. Qual è il modo migliore per vedere Firenze?

7. Che cos'è Palazzo Vecchio?

8. Che cos'è il Mercato Nuovo?

9. Che cos'è Piazza della Signoria?

Questions de compréhension

1. Quelle a été la première étape de la visite de Florence par l'auteur ?

2. Quelles sont les peintures les plus célèbres de la Galerie des Offices ?

3. Qu'est-ce que le palais Pitti ?

4. Qu'est-ce que le Ponte Vecchio ?

5. Pour quoi Oltrarno est-il connu ?

6. Quelle est la meilleure façon de voir Florence ?

7. Qu'est-ce que le Palazzo Vecchio ?

8. Qu'est-ce que le Mercato Nuovo ?

9. Qu'est-ce que la Piazza della Signoria ?

Scoprire la Sardegna

La prima volta che ho sentito parlare della Sardegna è stato quando una mia amica mi ha raccontato del suo viaggio lì. Mi ha **mostrato le** foto delle bellissime **spiagge** e dell'acqua cristallina. Sembrava un paradiso. Sapevo che un giorno sarei dovuta andare lì. Qualche anno dopo, ho finalmente fatto il grande passo e ho prenotato un biglietto per la Sardegna. Non sono rimasta **delusa**. L'isola era ancora più bella di quanto immaginassi. Le spiagge erano stupende e la gente era così **cordiale**. Mi sembrava di aver scoperto una gemma nascosta. Ho trascorso le mie giornate esplorando l'isola, nuotando nell'acqua cristallina e rilassandomi sulla spiaggia con un buon libro. Era davvero un luogo magico che non dimenticherò mai. Un giorno, mentre **esploravo** una piccola città, mi sono imbattuta in un negozio che vendeva gioielli **fatti a mano**. I pezzi erano così belli e unici. Mi sono innamorata di un paio di orecchini di corallo sardo. Sapevo di doverli avere.

Ho trascorso ore nel negozio, provando **diversi** pezzi e chiacchierando con la proprietaria. Mi ha raccontato della storia della Sardegna e di come l'isola sia stata tramandata per **generazioni dalla** sua famiglia. È

Découvrir la Sardaigne

La première fois que j'ai entendu parler de la Sardaigne, c'est lorsque mon amie m'a raconté son voyage là-bas. Elle m'a **montré** des photos des belles **plages** et de l'eau bleue claire. Cela ressemblait au paradis. Je savais que je devais y aller un jour. Quelques années plus tard, j'ai finalement franchi le pas et réservé un billet pour la Sardaigne. Je n'ai pas été **déçue**. L'île était encore plus belle que je ne l'avais imaginé. Les plages étaient magnifiques et les gens étaient si **accueillants**. J'avais l'impression d'avoir découvert un joyau caché. J'ai passé mes journées à explorer l'île, à nager dans l'eau cristalline et à me détendre sur la plage avec un bon livre. C'était vraiment un endroit magique que je n'oublierai jamais. Un jour, alors que j'**explorais** une petite ville, je suis tombée sur une boutique de bijoux **faits main**. Les pièces étaient si belles et uniques. Je suis tombée amoureuse d'une paire de boucles d'oreilles en corail de Sardaigne. Je savais que je devais les avoir.

J'ai fini par passer des heures dans le magasin, à essayer **différentes** pièces et à discuter avec la propriétaire. Elle m'a raconté l'histoire de la Sardaigne et comment l'île a été transmise de **génération en**

stato affascinante conoscere questo luogo che ho imparato ad amare così tanto. Quando il mio viaggio si è concluso, mi sono sentita triste per la partenza, ma anche grata per aver vissuto un luogo così speciale. La Sardegna occuperà sempre un posto speciale nel mio cuore. Qualche settimana dopo il mio ritorno a casa dalla **Sardegna**, ho iniziato a sentirmi male. Avevo la febbre e mi sentivo sempre molto stanca. Il mio medico mi diagnosticò la malaria e mi disse che dovevo averla contratta durante il viaggio. Fortunatamente, grazie alle cure, mi sono **ripresa** completamente, ma è stata un'esperienza spaventosa. Mi ha fatto capire quanto sono fortunata a essere viva e in salute. E mi ha fatto **apprezzare** ancora di più la Sardegna.

Nonostante il pericolo di contrarre la malaria, ci tornerei subito perché la Sardegna è davvero un posto **incredibile**. Ogni volta che guardo i miei orecchini di corallo sardo, mi viene in mente il mio magico viaggio sull'isola. Mi **ricordano la** bellezza della Sardegna e le persone fantastiche che ho incontrato lì. Ogni volta che li indosso, mi sembra di essere **trasportata in** quel luogo speciale. La Sardegna avrà sempre un posto speciale nel mio cuore. È un luogo di cui mi sono innamorata a prima vista e che racchiude tanti ricordi per me.

génération dans sa famille. C'était fascinant d'en apprendre plus sur cet endroit que j'avais appris à aimer tant. À la fin de mon voyage, j'étais triste de partir, mais aussi reconnaissante d'avoir vécu dans un endroit aussi spécial. La Sardaigne occupera toujours une place spéciale dans mon cœur. Quelques semaines après mon retour de **Sardaigne**, j'ai commencé à me sentir malade. J'avais de la fièvre et je me sentais tout le temps très fatiguée. Mon médecin m'a diagnostiqué le paludisme et m'a dit que j'avais dû le contracter pendant mon voyage. Heureusement, grâce à un traitement, je **me suis** complètement **rétablie**, mais c'était une expérience effrayante. Cela m'a fait prendre conscience de la chance que j'ai d'être en vie et en bonne santé. Cela m'a également fait **apprécier** encore plus **la** Sardaigne.

Malgré le risque de contracter la malaria, j'y retournerais sans hésiter, car la Sardaigne est vraiment un endroit **extraordinaire**. Chaque fois que je regarde mes boucles d'oreilles en corail sarde, je me souviens de mon voyage magique sur l'île. Elles **me rappellent la** beauté de la Sardaigne et les personnes extraordinaires que j'y ai rencontrées. Chaque fois que je les porte, j'ai l'impression d'être **transportée** dans cet endroit spécial. La Sardaigne aura toujours une place spéciale dans mon cœur. C'est un endroit dont je suis tombée amoureuse au premier regard et qui renferme tant de souvenirs pour moi.

Domande di comprensione

1. Che cosa le ha mostrato l'amica della protagonista?

2. Cosa pensa il protagonista della Sardegna?

3. Cosa prova il protagonista nei confronti della Sardegna?

4. Cosa fa il protagonista sull'isola?

5. Cosa pensa il protagonista dei gioielli del negozio?

6. Cosa compra il protagonista nel negozio?

7. Cosa pensa il protagonista del proprietario del negozio?

8. Cosa impara il protagonista dal proprietario del negozio?

9. Cosa prova il protagonista nel lasciare la Sardegna?

10. Cosa succede alla protagonista dopo il suo ritorno dalla Sardegna?

Questions de compréhension

1. De quoi l'ami du protagoniste lui a-t-il montré des photos ?

2. Que pense le protagoniste de la Sardaigne ?

3. Que pense le protagoniste de la Sardaigne ?

4. Que fait le protagoniste sur l'île ?

5. Que pense le protagoniste des bijoux de la boutique ?

6. Qu'est-ce que le protagoniste achète dans le magasin ?

7. Que pense le protagoniste du propriétaire de la boutique ?

8. Qu'est-ce que le protagoniste apprend du propriétaire du magasin ?

9. Que ressent le protagoniste à l'idée de quitter la Sardaigne ?

10. Qu'arrive-t-il à la protagoniste après son retour de Sardaigne ?

La Costiera Amalfitana

La Costiera Amalfitana è uno dei luoghi più **belli** del mondo. Le scogliere, il mare e i villaggi creano uno scenario straordinario. Non c'è da stupirsi che molte persone vengano qui in vacanza. Una di queste è Anna, venuta dall'**America** per trascorrere un po' di tempo sulla costa. Sognava di venire qui da anni e finalmente è riuscita a realizzarlo. Arriva a Napoli e prende un autobus per Amalfi, dove rimarrà per due settimane. Appena scesa dall'autobus, Anna è **ipnotizzata dalla** bellezza dell'ambiente circostante. Si **aggira** per la città, cogliendo tutti i panorami e i suoni di questo luogo magico. Dopo qualche ora di esplorazione, si ritrova in un caffè **con vista sull'**oceano. Ordina un caffè e si siede per godersi il panorama.

Mentre Anna siede al caffè, osserva la gente e osserva tutte le diverse culture rappresentate. Vede **coppie** che si tengono per mano, famiglie che giocano sulla spiaggia e amici che ridono davanti a un drink. Tutti sembrano divertirsi e Anna non può fare a meno di sentirsi felice anche solo per il fatto di essere qui. Dopo un po' **decide di** tornare in **albergo** per riposare un po' prima di cena. Mentre cammina per la città, nota che ci sono molti negozietti che vendono souvenir e ninnoli.

La côte amalfitaine

La côte amalfitaine est l'un des plus **beaux** endroits du monde. Les falaises, la mer et les villages forment un cadre époustouflant. Il n'est pas étonnant que tant de gens viennent y passer leurs vacances. Anna est l'un de ces visiteurs. Elle est venue d'**Amérique** pour passer du temps sur la côte. Cela fait des années qu'elle rêve de venir ici, et elle y est enfin parvenue. Elle arrive à Naples et prend un bus pour Amalfi, où elle restera deux semaines. Dès qu'elle descend du bus, Anna est **subjuguée par la** beauté de son environnement. Elle **se promène** dans la ville, s'imprégnant de tous les sons et images de cet endroit magique. Après quelques heures d'exploration, elle se retrouve dans un café **avec vue sur l'**océan. Elle commande un café et s'assoit pour profiter de la vue.

Assise au café, Anna observe les gens et prend conscience des différentes cultures représentées. Elle voit des **couples** se tenant la main, des familles jouant sur la plage et des amis riant autour d'un verre. Tout le monde semble s'amuser et Anna ne peut s'empêcher de se sentir heureuse d'être ici. Après un moment, elle **décide** de rentrer à l'**hôtel** et de se reposer avant le dîner. En se promenant dans la ville, elle remarque qu'il

Guarda le vetrine per un po' prima di tornare in camera.

Più tardi, quella sera, Anna esce a cena con alcuni nuovi amici conosciuti al bar della hall dell'hotel. Si divertono a parlare e a **ridere** durante il pasto. Poi fanno una passeggiata sul lungomare e ammirano gli **edifici** illuminati e l'acqua scintillante. È stata una giornata incredibile e Anna si è già innamorata di questo posto. Nei giorni successivi, Anna trascorre il suo tempo esplorando altri luoghi di Amalfi e le città vicine, come Positano e Ravello. Fa escursioni sui fianchi delle montagne ricoperte di **fiori**, nuota in acque cristalline, mangia cibi **deliziosi** e semplicemente si gode ogni momento della sua vacanza. La Costiera Amalfitana ha superato tutte le sue **aspettative** e sa che ricorderà per sempre questo viaggio con affetto. Troppo presto, però, la vacanza di Anna giunge al termine.

Fa le valigie e torna all'aeroporto, triste per la partenza ma anche **entusiasta** per tutti i meravigliosi ricordi che ha costruito. Guardando fuori dal **finestrino dell**'aereo, vede la Costiera Amalfitana **scomparire** in lontananza. Sa che non manca molto al suo ritorno. Qualche mese dopo, Anna è tornata a casa, in America. Racconta ad amici e parenti del suo fantastico viaggio in Costiera Amalfitana.

y a beaucoup de petites boutiques de souvenirs et de bibelots. Elle fait du lèche-vitrine pendant un moment avant de rentrer dans sa chambre.

Plus tard dans la soirée, Anna sort dîner avec de nouveaux amis rencontrés au bar du hall de l'hôtel. Elles passent un bon moment à discuter et à **rire** pendant le repas. Ensuite, elles se promènent le long du front de mer, où elles admirent les **bâtiments** illuminés et l'eau scintillante. Cette journée a été incroyable, et Anna est déjà en train de tomber amoureuse de cet endroit. Les jours suivants, Anna passe son temps à explorer davantage Amalfi ainsi que les villes voisines comme Positano et Ravello. Elle escalade des montagnes couvertes de **fleurs**, se baigne dans des eaux cristallines, mange des plats **délicieux** et profite de chaque instant de ses vacances. La côte amalfitaine a dépassé toutes ses **attentes**, et elle sait qu'elle en gardera un excellent souvenir. Trop tôt, les vacances d'Anna prennent fin.

Elle fait ses valises et se dirige vers l'aéroport, triste de partir mais aussi **excitée** par tous les merveilleux souvenirs qu'elle a créés. En regardant par le **hublot de l'**avion, elle voit la côte amalfitaine **disparaître** au loin. Elle sait qu'elle ne tardera pas à revenir. Quelques mois plus tard, Anna est de retour chez elle, en Amérique. Elle raconte à ses amis et à sa famille son incroyable voyage sur la côte amalfitaine.

Domande di comprensione

1. Che cos'è la Costiera Amalfitana?

2. Come si sente Anna quando arriva ad Amalfi?

3. Cosa fa Anna quando arriva ad Amalfi?

4. Cosa pensa Anna delle diverse culture rappresentate sulla Costiera Amalfitana?

5. Cosa fa Anna prima di tornare nella sua stanza d'albergo?

6. Cosa fa Anna la sua ultima notte ad Amalfi?

7. Quali sono alcune delle cose che Anna fa durante le sue vacanze?

8. Come si sente Anna quando la sua vacanza volge al termine?

9. Cosa fa Anna quando torna a casa?

10. Perché Anna ha un posto speciale nel suo cuore per la Costiera Amalfitana?

Questions de compréhension

1. Qu'est-ce que la côte amalfitaine ?

2. Comment Anna se sent-elle lorsqu'elle arrive à Amalfi ?

3. Que fait Anna lorsqu'elle arrive à Amalfi ?

4. Que pense Anna des différentes cultures représentées sur la côte amalfitaine ?

5. Que fait Anna avant de retourner dans sa chambre d'hôtel ?

6. Que fait Anna lors de sa dernière nuit à Amalfi ?

7. Quelles sont certaines des choses qu'Anna fait pendant ses vacances ?

8. Comment Anna se sent-elle lorsque ses vacances se terminent ?

9. Que fait Anna quand elle rentre chez elle ?

10. Pourquoi Anna a-t-elle une place spéciale dans son cœur pour la côte amalfitaine ?

Toscana

La prima volta che sono andata in Toscana sono rimasta subito incantata. Le dolci colline, i cipressi, i **vigneti**: sembrava uscito da una favola. Giurai a me stessa che un giorno sarei tornata per esplorare **meglio** questo luogo magico. Così, l'anno scorso, quando mio marito ci propose di fare un viaggio in Italia per il nostro anniversario, non avevo dubbi su dove saremmo andati. Abbiamo noleggiato un'auto e abbiamo guidato da Roma fino al cuore della Toscana, fermandoci in villaggi **pittoreschi** lungo la strada. Infine, arrivammo a destinazione: un incantevole casale immerso tra uliveti e vigneti. Trascorremmo giornate pigre esplorando la campagna a piedi o in bicicletta, facendo picnic in campi di **fiori selvatici** e assaggiando vini deliziosi in piccole sale di degustazione. La sera, cucinavamo insieme la cena con gli **ingredienti** freschi del mercato contadino vicino, poi ci sedevamo nel nostro patio sotto le stelle, godendoci la reciproca compagnia (e un'altra bottiglia di vino).

Era davvero una **vacanza** idilliaca. Ma poi, durante la nostra ultima notte, accadde qualcosa di strano. Mi svegliai nel cuore della notte e trovai mio **marito** scomparso. All'inizio pensai che fosse uscito solo per prendere una boccata d'aria, ma quando non tornò

Toscane

La première fois que je suis allée en Toscane, j'ai été immédiatement enchantée. Les collines ondulantes, les cyprès, les **vignobles** - tout cela sortait d'un conte de fées. Je me suis juré qu'un jour je reviendrais et que j'explorerais cet endroit magique plus **en profondeur**. Ainsi, l'année dernière, lorsque mon mari a proposé de faire un voyage en Italie pour notre anniversaire de mariage, je n'ai pas hésité à choisir le pays où nous allions aller. Nous avons loué une voiture et sommes partis de Rome pour traverser le cœur de la Toscane, en nous arrêtant dans des villages **pittoresques en cours** de route. Enfin, nous sommes arrivés à notre destination : une charmante ferme nichée au milieu des oliveraies et des vignobles. Nous avons passé des journées paresseuses à explorer la campagne à pied ou à vélo, à pique-niquer dans des champs de **fleurs sauvages** et à déguster de délicieux vins dans de petits salons de dégustation pittoresques. Le soir, nous préparions le dîner ensemble en utilisant des **ingrédients** frais provenant du marché fermier voisin, puis nous nous asseyions sur notre patio sous les étoiles, en appréciant la compagnie de l'autre (et une autre bouteille de vin).

C'était vraiment des **vacances** idylliques. Mais ensuite,

dopo circa un'ora, cominciai a preoccuparmi. Mi sono vestita e sono uscita fuori, chiamando il suo nome nell'oscurità. Non c'era risposta, a parte il suono dei **grilli** che frinivano nei campi vicini. All'improvviso, sentii un rumore **provenire** da uno dei vigneti e corsi verso di esso, con la paura che mi stringeva il cuore. Mio marito era lì, **in piedi** tra le vigne con lo sguardo vitreo. Si girò verso di me e parlò con una voce che non era la sua: "È ora". Ora di cosa? Prima che potessi fare domande, prese la mia mano e cominciò a condurmi in profondità nel vigneto. Non so per quanto tempo camminammo, ma mi sembrarono ore.

Gli unici suoni erano lo scricchiolio dei nostri piedi sul sentiero di ghiaia e gli **occasionali** borbottii di mio marito. Cominciavo ad avere davvero paura e quando finalmente si fermò e si girò verso di me, potevo vedere la follia nei suoi occhi. "È ora", disse di nuovo, questa volta con più forza. "È ora di fare cosa?" Chiesi **implorante**, ma lui si limitò ad afferrarmi il braccio e iniziò a trascinarmi verso una piccola porta incastonata nel fianco di una collina.

lors de notre dernière nuit là-bas, quelque chose d'étrange s'est produit. Je me suis réveillée au milieu de la nuit et j'ai constaté que mon **mari** était parti. J'ai d'abord pensé qu'il était simplement sorti prendre l'air, mais comme il n'était pas revenu au bout d'une heure, j'ai commencé à m'inquiéter. Je me suis habillée et je suis sortie, appelant son nom dans l'obscurité. Il n'y avait pas de réponse, si ce n'est le bruit des **grillons dans les** champs voisins. Soudain, j'ai entendu un bruit **venant** d'un des vignobles et j'ai couru vers lui, la peur au ventre. Mon mari était là, **debout** dans les vignes, le regard vitreux. Il s'est tourné vers moi et a parlé d'une voix qui n'était pas tout à fait la sienne : "C'est l'heure." L'heure de quoi ? Avant que je puisse poser des questions, il a pris ma main et a commencé à me **conduire** plus profondément dans le vignoble. Je ne sais pas combien de temps nous avons marché, mais ça m'a paru des heures.

Les seuls sons étaient le crissement de nos pieds sur le chemin de gravier et les murmures **occasionnels** de mon mari. Je commençais à avoir vraiment peur maintenant, et quand il s'est finalement arrêté et s'est tourné vers moi, je pouvais voir la folie dans ses yeux. "Il est temps", a-t-il dit à nouveau, cette fois avec plus de force. "L'heure de quoi ?" J'ai demandé **en suppliant**, mais il a simplement attrapé mon bras et a commencé à me traîner vers une petite porte encastrée dans le flanc d'une colline.

Domande di comprensione

1. Cosa fa l'autrice quando visita per la prima volta la Toscana?

2. Che cosa si ripromette l'autrice dopo la sua prima visita?

3. Che cosa fanno l'autrice e suo marito durante il loro viaggio di anniversario?

4. Cosa trova l'autrice quando si sveglia nel cuore della notte?

5. Che cosa sente l'autore provenire da una delle vigne?

6. Cosa fa il marito quando l'autrice lo raggiunge?

7. Cosa pensa l'autrice quando vede la stanza in cui il marito l'ha condotta?

8. Qual è la reazione dell'autrice quando sente la voce provenire dall'ombra?

9. Cosa dice la voce all'autore?

10. Qual è la reazione del marito dell'autrice alla voce?

Questions de compréhension

1. Que fait l'auteur lors de sa première visite en Toscane ?

2. Que se promet l'auteur après sa première visite ?

3. Que font l'auteur et son mari lors de leur voyage d'anniversaire ?

4. Que trouve l'auteur lorsqu'elle se réveille au milieu de la nuit ?

5. Qu'entend l'auteur en provenance d'un des vignobles ?

6. Que fait le mari lorsque l'auteur le rattrape ?

7. Que pense l'auteur lorsqu'elle voit la pièce dans laquelle son mari l'a conduite ?

8. Quelle est la réaction de l'auteur lorsqu'elle entend la voix venant de l'ombre ?

9. Que dit la voix à l'auteur ?

10. Quelle est la réaction du mari de l'auteur à la voix ?

Lago di Como

Il sole stava tramontando sul bellissimo lago di Como.
L'acqua era ferma e l'aria era calda. Era una serata
perfetta. Ero seduta sul molo, con i piedi **a penzoloni**
nell'acqua. Ero venuta in Italia per una vacanza, ma
non mi aspettavo di innamorarmi di quel posto così in
fretta. **Tutto** mi sembrava giusto. Mentre **guardavo**
il sole scendere sotto l'orizzonte, sentii qualcuno
avvicinarsi da dietro. Si sedettero accanto a me e ci
godemmo il panorama in silenzio. Quando gli ultimi
raggi di sole scomparvero, mi voltai verso la persona
accanto a me. Ora potevo vedere i loro volti ed era
ancora più **bello** del panorama. Ci sorridemmo e, senza
dire una parola, capimmo entrambi che quella sarebbe
stata una notte speciale. Camminammo lungo la riva,
con i piedi che affondavano nella sabbia soffice a ogni
passo.

La **luce della luna** scintillava sull'acqua e ci fermammo
ad ammirarne la bellezza. Poi ci sedemmo su una
panchina e parlammo per ore di tutto e di niente.
Sembrava che ci conoscessimo da sempre. Alla fine
tornammo nella mia camera d'albergo, dove passammo
il resto della notte a parlare, ridere e fare l'amore fino a
quando l'alba iniziò a insinuarsi dalla finestra. Mentre
la **guardavo** dormire serenamente accanto a me, capii

Lac de Côme

Le soleil se couchait sur le magnifique lac de Côme.
L'eau était calme et l'air était chaud. C'était une
soirée parfaite. J'étais assise sur le quai, mes pieds
se balançant dans l'eau. J'étais venue en Italie pour
des vacances, mais je ne m'attendais pas à tomber
amoureuse de l'endroit si rapidement. **Tout** y était
parfait. Alors que je **regardais** le soleil plonger sous
l'horizon, j'ai entendu quelqu'un s'approcher de moi par
derrière. Ils se sont assis à côté de moi, et nous avons
simplement apprécié la vue ensemble en silence. Alors
que les derniers rayons du soleil disparaissaient, je me
suis tournée vers la personne à côté de moi. Je pouvais
voir leurs visages maintenant et c'était encore plus
beau que la vue. Nous nous sommes souri, et sans dire
un mot, nous savions tous les deux que cette nuit allait
être spéciale. Nous avons marché le long du rivage,
nos pieds s'enfonçant dans le sable doux à chaque pas.

Le **clair de lune** scintillait sur l'eau, et nous nous
sommes arrêtés pour admirer sa beauté. Puis nous
nous sommes assis sur un banc et avons parlé pendant
des heures de tout et de rien. C'était comme si nous
nous connaissions depuis toujours. Finalement, nous
avons regagné ma chambre d'hôtel, où nous avons
passé le reste de la nuit à parler, rire et faire l'amour

che il lago di Como avrebbe sempre avuto un posto speciale nel mio cuore. "La mattina dopo mi svegliai con il letto vuoto. Lei non c'era più. Non conoscevo il suo nome, ma sapevo che non l'avrei mai dimenticata. Avevamo condiviso qualcosa di speciale ed ero sicuro che le nostre strade si sarebbero incrociate di nuovo un giorno. Fino ad allora, il lago di **Como** sarebbe sempre stato il mio luogo felice. "Sono passati alcuni anni da quella magica notte sul lago. Non l'ho mai dimenticata e spesso mi ritrovo a chiedermi cosa sarebbe potuto essere. Ma mi accontento di ricordare il tempo trascorso insieme come un bellissimo ricordo.

Dopo tutto, alcune cose sono destinate ad accadere. "Ero seduta sul molo, con i piedi a penzoloni nell'acqua. Ero venuta in Italia per una vacanza, ma non mi aspettavo di innamorarmi di quel posto così in fretta. **Tutto** mi sembrava giusto. Mentre guardavo il sole scendere sotto l'**orizzonte**, sentii qualcuno avvicinarsi da dietro. Si sedettero accanto a me e ci godemmo il panorama in silenzio. "Quando gli ultimi raggi di sole scomparvero, mi voltai verso la persona accanto a me. Ora potevo vedere i loro volti ed era ancora più bello del panorama.

jusqu'à ce que l'aube commence à se faufiler par la fenêtre. En la **regardant** dormir paisiblement à mes côtés, j'ai su que le lac de Côme aurait toujours une place spéciale dans mon cœur. "Le lendemain matin, je me suis réveillé dans un lit vide. Elle n'était plus là. Je ne connaissais pas son nom, mais je savais que je ne l'oublierais jamais. Nous avions partagé quelque chose de spécial, et j'étais sûr que nos chemins se recroiseraient un jour. Jusque-là, le lac de **Côme** serait toujours mon endroit de prédilection. "Quelques années se sont écoulées depuis cette nuit magique au bord du lac. Je ne l'ai jamais oubliée, et je me retrouve souvent à me demander ce qui aurait pu se passer. Mais je me contente de me souvenir de notre temps ensemble comme d'un beau souvenir.

Après tout, certaines choses sont censées se produire. "J'étais assise sur le quai, mes pieds se balançant dans l'eau. J'étais venue en Italie pour des vacances, mais je ne m'attendais pas à tomber amoureuse de l'endroit si rapidement. **Tout** y était parfait. Alors que je regardais le soleil plonger sous l'**horizon**, j'ai entendu quelqu'un s'approcher de moi par derrière. Ils se sont assis à côté de moi, et nous avons simplement profité de la vue ensemble en silence. "Alors que les derniers rayons du soleil disparaissaient, je me suis tourné vers la personne à côté de moi. Je pouvais voir leurs visages maintenant et c'était encore plus beau que la vue.

Domande di comprensione

1. Cosa stava facendo il protagonista quando ha visto per la prima volta la persona con cui ha finito per passare la notte?

2. Cosa pensava il protagonista del lago di Como prima di innamorarsene?

3. Che cosa hanno fatto il protagonista e la persona che hanno incontrato dopo aver ammirato il chiaro di luna sull'acqua?

4. Cosa prova il protagonista nei confronti della persona che ha incontrato alla fine della serata?

5. Cosa pensava il protagonista che sarebbe successo al risveglio del mattino dopo?

6. Cosa ha fatto il protagonista dopo la notte magica sul lago?

7. Cosa pensa il protagonista di ciò che avrebbe potuto essere?

8. Secondo il protagonista, qual è il motivo per cui non ha rivisto la persona che ha incontrato?

9. Cosa crede il protagonista di alcune cose?

Questions de compréhension

1. Que faisait le protagoniste lorsqu'il a vu pour la première fois la personne avec laquelle il a fini par passer la nuit ?

2. Que pensait le protagoniste du lac de Côme avant d'en tomber amoureux ?

3. Que font le protagoniste et la personne qu'ils ont rencontrée après avoir admiré le clair de lune sur l'eau ?

4. Quels sont les sentiments du protagoniste envers la personne qu'il a rencontrée à la fin de la nuit ?

5. Que pensait le protagoniste lorsqu'il s'est réveillé le lendemain matin ?

6. Qu'a fait le protagoniste depuis la nuit magique au bord du lac ?

7. Que pense le protagoniste de ce qui aurait pu être ?

8. Selon le protagoniste, quelle est la raison pour laquelle il n'a pas revu la personne qu'il a rencontrée ?

9. Que croit le protagoniste à propos de certaines choses ?

Le Alpi italiane

Le Alpi italiane sono uno spettacolo bellissimo e **maestoso**. Da molti anni sono una destinazione popolare per turisti e scalatori. Ma c'è un gruppo di persone che conosce le Alpi meglio di chiunque altro: le capre di montagna. Per generazioni, queste **creature** dal passo sicuro hanno fatto la loro casa tra le alte vette e le rocce scoscese della catena. Conoscono ogni angolo, ogni sentiero e ogni traccia. E non hanno paura di usarli, anche quando c'è l'uomo. Un giorno **d'estate**, un ragazzo **di nome** Marco stava facendo un'escursione con la sua famiglia sulle Alpi. Si fermò per riposare un momento e fu allora che la vide: una capra di montagna in piedi su una sporgenza proprio sopra di lui! La capra guardò **Marco** con i suoi grandi occhi marroni, come se lo sfidasse ad avvicinarsi.

Il cuore di Marco batteva forte mentre si avvicinava lentamente alla capra. Aveva sempre desiderato accarezzarne una, ma **di solito erano** così lontane. Questa era la sua **occasione!** Ma quando si avvicinò, si rese conto che la capra non era sola. C'era un bambino con lei, aggrappato alla pelliccia della madre. Marco si fermò a guardarli per un attimo prima di continuare il suo cammino. Mentre camminava, non poteva fare a meno di pensare a quelle capre e a quanto fossero

Les Alpes italiennes

Les Alpes italiennes offrent un spectacle magnifique et **majestueux**. Elles sont une destination populaire pour les touristes et les alpinistes depuis de nombreuses années. Mais il y a un groupe de personnes qui connaît les Alpes mieux que quiconque : les chèvres de montagne. Depuis des générations, ces **créatures** au pied sûr ont élu domicile sur les hauts sommets et les falaises escarpées de la chaîne. Elles connaissent tous les coins et recoins, tous les chemins et sentiers. Et elles n'ont pas peur de les utiliser, même lorsque des humains sont présents. Un jour d'**été**, un jeune garçon **nommé** Marco faisait une randonnée avec sa famille dans les Alpes. Il s'est arrêté pour se reposer un moment, et c'est alors qu'il l'a vue : une chèvre de montagne se tenant sur une corniche juste au-dessus de lui ! La chèvre a regardé **Marco** de ses grands yeux bruns, comme si elle le défiait de s'approcher.

Le cœur de Marco s'emballe alors qu'il s'approche lentement de la chèvre. Il avait toujours voulu en caresser une, mais elles étaient **généralement** si éloignées. C'était sa **chance** ! Mais en s'approchant, il a réalisé que la chèvre n'était pas seule. Il y avait un bébé avec elle, accroché à la fourrure de sa mère. Marco s'est arrêté et les a **regardé un** moment

fortunate a vivere in un posto così bello.

Qualche giorno dopo, Marco stava facendo un'escursione da solo quando sentì qualcosa di strano: un forte belato provenire da più avanti. Seguì con cautela il suono fino ad arrivare a una **radura** dove si trovavano due capre di montagna una accanto all'altra. Ma c'era qualcosa di diverso in queste capre: il loro pelo era tutto aggrovigliato e opaco e sembrava che avessero **combattuto**. Poi Marco vide il motivo: un altro gruppo di capre stava cercando di spingerle giù dal bordo del precipizio! Senza pensarci oltre, Marco corse verso gli animali in lotta e urlò a **squarciagola**. Le capre che le attaccavano hanno dapprima trasalito, ma poi hanno rapidamente rivolto la loro attenzione verso di lui. Vedendo che la loro preda era fuggita, si arresero e si allontanarono al trotto nella foresta, lasciando dietro di sé le due vittime **esauste**.

avant de continuer son chemin. En marchant, il ne pouvait s'empêcher de penser à ces chèvres et à la chance qu'elles avaient de vivre dans un endroit aussi magnifique.

Quelques jours plus tard, Marco se promenait seul lorsqu'il a entendu quelque chose d'étrange : un bêlement sonore venant de l'avant. Il a suivi prudemment le bruit jusqu'à ce qu'il arrive à une **clairière** où deux chèvres de montagne se tenaient côte à côte. Mais il y avait quelque chose de différent chez ces chèvres - leur fourrure était toute emmêlée et emmêlée, et elles semblaient s'être **battues**. Marco a alors vu la raison : un autre groupe de chèvres de montagne essayait de les pousser du bord de la falaise ! Sans réfléchir davantage, Marco a couru vers les animaux qui se débattaient et a crié de toutes **ses forces**. Les chèvres qui attaquaient ont d'abord sursauté, puis ont rapidement tourné leur attention vers lui. Voyant que leur proie s'était échappée, elles ont abandonné et sont parties au trot dans la forêt, laissant derrière elles les deux victimes **épuisées**.

Domande di comprensione

1. Come si chiama il protagonista?

2. Dov'era Marco quando ha visto la capra di montagna?

3. Cosa stava facendo la capra di montagna quando Marco l'ha vista?

4. Marco ha mai avuto la possibilità di accarezzare la capra di montagna?

5. Quale rumore ha sentito Marco mentre faceva un'escursione da solo?

6. Cosa stava succedendo quando Marco trovò le due capre di montagna?

7. Perché le altre capre di montagna attaccarono le due capre di montagna?

8. In che modo Marco ha aiutato le due capre di montagna?

9. Cosa fecero i genitori di Marco quando lo videro con le due capre di montagna?

Questions de compréhension

1. Quel est le nom du protagoniste ?

2. Où était Marco quand il a vu la chèvre de montagne ?

3. Que faisait la chèvre de montagne quand Marco l'a vue ?

4. Marco a-t-il eu la chance de caresser la chèvre de montagne ?

5. Quel bruit a entendu Marco pendant qu'il faisait une randonnée tout seul ?

6. Que se passait-il lorsque Marco a trouvé les deux chèvres de montagne ?

7. Pourquoi les autres boucs de montagne ont-ils attaqué les deux boucs de montagne ?

8. Comment Marco a-t-il aidé les deux chèvres de montagne ?

9. Qu'ont fait les parents de Marco quand ils l'ont vu avec les deux chèvres de montagne ?

L'isola di Sicilia

L'isola di **Sicilia** è un luogo come nessun altro. Con le sue splendide spiagge, le acque cristalline e la cordialità della gente del posto, non c'è da stupirsi che così tante persone si riversino ogni anno sulle sue coste. Ma c'è una cosa che distingue quest'isola dalle altre: la sua storia. Per secoli, la Sicilia è stata un crocevia di culture e **civiltà**, ognuna delle quali ha lasciato il proprio segno sul territorio. Dai Greci ai Romani, dagli Arabi ai **Normanni**, tutti hanno lasciato la loro **impronta** su questo angolo di mondo unico. Ora tocca a voi scoprire tutto ciò che la Sicilia ha da offrire. Appena scesi dall'aereo, si sente il calore del sole siciliano sulla pelle. La prima cosa che **colpisce** è l'odore di limoni nell'aria.

Seguite il vostro naso e vi trovate in un bellissimo agrumeto. Dopo aver ammirato il panorama per un po', **proseguite il** viaggio per esplorare altri luoghi di quest'isola straordinaria. Trascorrete i giorni successivi a girovagare per la Sicilia, ammirando tutte le sue bellezze e i suoi suoni. Dalle vivaci città alla tranquilla campagna, qui c'è molto da vedere e da fare. Ovunque si vada, si rimane colpiti dalla **cordialità** e dall'accoglienza di tutti. Vi faranno sentire come a casa vostra su quest'isola speciale. L'ultimo giorno,

L'île de Sicile

L'île de **Sicile** n'est pas un endroit comme les autres. Avec ses plages magnifiques, ses eaux cristallines et ses habitants chaleureux, il n'est pas étonnant que tant de personnes affluent sur ses côtes chaque année. Mais il y a une chose qui distingue cette île des autres : son histoire. Pendant des siècles, la Sicile a été un carrefour de cultures et de **civilisations**, chacune laissant son empreinte sur le territoire. Des Grecs et des Romains aux Arabes et aux **Normands**, tous ont laissé leur **empreinte** sur ce coin unique du monde. Et maintenant, c'est à votre tour de découvrir tout ce que la Sicile a à offrir. En descendant de l'avion, vous pouvez sentir la chaleur du soleil sicilien sur votre peau. La première chose qui vous **frappe** est l'odeur des citrons dans l'air.

Vous suivez votre nez et vous vous retrouvez dans une belle plantation d'agrumes. Après avoir admiré la vue pendant un moment, vous **continuez votre** chemin pour explorer davantage cette île étonnante. Vous passez les jours suivants à vous promener en Sicile, à profiter de tous ses paysages et de ses sons. De ses villes animées à ses campagnes tranquilles, il y a tant à voir et à faire ici. Et partout où vous allez, vous êtes frappé par la **gentillesse** et l'accueil des gens. Ils vous

passeggiate lungo una delle **splendide** spiagge siciliane mentre il sole tramonta sul Mar **Mediterraneo**. Mentre osservate le onde che si infrangono sulla riva, riflettete su tutto ciò che quest'isola vi ha dato. Lasciate la Sicilia con il cuore pesante, sapendo che non dimenticherete mai il tempo trascorso su quest'isola magica. Dalla sua ricca storia alla sua bellezza naturale, è davvero come **nessun** altro posto al mondo. E non vedete l'ora di tornare per esplorare ancora di più ciò che questo luogo incredibile ha da offrire.

L'isola di Sicilia fa parte della vostra vita da sempre. È il luogo in cui siete cresciuti, il luogo da cui proviene la vostra **famiglia**. Ed è anche il luogo che racchiude tanti ricordi felici. Pensate a tutti i momenti trascorsi qui con i vostri amici e i vostri **cari** e sapete che questo è un luogo davvero speciale. **Oggi** la Sicilia non è solo una meta di vacanza, ma anche una casa lontano da casa. Ogni volta che avete bisogno di allontanarvi dal trambusto della vita cittadina, sapete che questa splendida isola vi aspetterà sempre a braccia aperte. Dai suoi paesaggi **mozzafiato** al suo cibo delizioso, **non c'è nessun** altro posto al mondo come la Sicilia. E non importa quanto siate lontani, sentirete sempre il suo calore nel vostro cuore.

font vous sentir comme chez vous sur cette île spéciale. Le dernier jour, vous vous promenez sur l'une des **superbes** plages de Sicile, alors que le soleil se couche sur la **Méditerranée**. En regardant les vagues s'écraser sur le rivage, vous réfléchissez à tout ce que cette île vous a donné. Vous quittez la Sicile le cœur lourd, sachant que vous n'oublierez jamais le temps que vous avez passé sur cette île magique. De sa riche histoire à sa beauté naturelle, elle est vraiment comme **nulle part** ailleurs dans le monde. Et vous êtes impatient de revenir et d'explorer encore plus ce que cet endroit étonnant a à offrir.

L'île de Sicile fait partie de votre vie depuis aussi longtemps que vous pouvez vous en souvenir. C'est l'endroit où vous avez grandi, l'endroit d'où vient votre **famille**. Et c'est aussi l'endroit qui renferme tant de souvenirs heureux. Vous pensez à tous les moments que vous avez passés ici avec vos amis et vos **proches**, et vous savez que c'est un endroit spécial. **Aujourd'hui, la** Sicile n'est pas seulement une destination de vacances pour vous, c'est aussi une maison loin de chez vous. Lorsque vous avez besoin de vous éloigner de l'agitation de la vie urbaine, vous savez que cette île magnifique vous attendra toujours à bras ouverts. De ses paysages **époustouflants** à sa nourriture délicieuse, la Sicile est unique au monde. Et quelle que soit la distance à laquelle vous vous trouvez, vous sentirez toujours sa chaleur dans votre cœur.

Domande di comprensione

1. Qual è una cosa che distingue l'isola di Sicilia dalle altre?

2. Quali sono i segni che le diverse culture hanno lasciato sull'isola nel corso della storia?

3. Qual è la prima cosa che notate quando scendete dall'aereo in Sicilia?

4. Come vi fa sentire la gente del posto quando esplorate l'isola?

5. Cosa pensate mentre guardate il tramonto del vostro ultimo giorno in Sicilia?

6. Che cosa fa sentire la Sicilia come casa propria?

7. Quali sono alcune delle cose che ami della Sicilia?

8. Che cosa significa per lei la Sicilia?

Questions de compréhension

1. Quelle est la chose qui distingue l'île de Sicile des autres ?

2. Comment les différentes cultures ont-elles laissé leur empreinte sur l'île au cours de l'histoire ?

3. Quelle est la première chose que vous remarquez lorsque vous descendez de l'avion en Sicile ?

4. Comment les habitants vous font-ils sentir lorsque vous explorez l'île ?

5. Quelles sont vos pensées en regardant le coucher de soleil lors de votre dernier jour en Sicile ?

6. Qu'est-ce qui fait que la Sicile se sent comme chez elle ?

7. Quelles sont les choses que vous aimez en Sicile ?

8. Que représente la Sicile pour vous ?

Notte nel Nord Italia

La notte era fresca e le stelle erano in piena attività.
Ero appena arrivata nel Nord Italia ed ero entusiasta di
esplorare. Cominciai a camminare per la piccola città
in cui alloggiavo, per cogliere i panorami e i suoni di
questo nuovo luogo. Le strade erano vuote, ma c'era
una sensazione di eccitazione nell'aria. Camminai
per un po', **ammirando l**'architettura e fermandomi
a scattare foto qua e là. Girato un angolo, vidi un
gruppo di persone riunite intorno a qualcosa in un
vicolo. Mi sono avvicinata per vedere cosa stessero
guardando. Si trattava di un uomo che suonava una
fisarmonica. Quando mi **avvicinai mi** guardò e mi
sorrise calorosamente prima di ricominciare a suonare.
La musica riempì il vicolo e tutti smisero di ascoltare.
Era bella; triste ma anche edificante, per certi versi.

Mentre ascoltavo la musica, sentii gli occhi iniziare
a lacrimare. All'improvviso, tutte le **preoccupazioni**
e lo stress che avevo a casa mi sono sembrate così
lontane, come se non avessero più importanza.
In quel momento mi sono sentita felice, libera e
spensierata. Quando la canzone finì, tutti applaudirono
con entusiasmo prima di tornare alle loro attività,
lasciandomi sola con i miei pensieri. Ero perso nei

Nuit en Italie du Nord

La nuit était fraîche et les étoiles étaient au rendez-vous. Je venais d'arriver dans le nord de l'Italie et j'avais hâte d'**explorer**. J'ai commencé à me promener dans la petite ville où j'étais logé, en profitant de la vue et des sons de ce nouvel endroit. Les rues étaient vides, mais il y avait un sentiment d'excitation dans l'air. J'ai marché pendant un moment, **admirant** l'architecture et m'arrêtant pour prendre des photos ici et là. Au détour d'une rue, j'ai vu un groupe de personnes rassemblées autour de quelque chose dans une ruelle. Je me suis approché d'eux pour voir ce qu'ils regardaient. Il s'agissait d'un homme qui jouait de la musique sur un **accordéon**. Il a levé les yeux vers moi lorsque je **me suis approché** et m'a souri chaleureusement avant de recommencer à jouer. La musique a envahi la ruelle, et tout le monde a arrêté ce qu'il faisait pour écouter. C'était charmant ; triste mais aussi édifiant d'une certaine façon.

En écoutant la musique, j'ai senti mes yeux se remplir de larmes. Tout à coup, tous mes **soucis** et mon stress de chez moi semblaient si loin, comme s'ils n'avaient plus d'importance. Pendant ce moment, je me suis sentie heureuse, libre et insouciante. Lorsque la

miei pensieri quando qualcuno mi batté sulla spalla, facendomi trasalire perché pensavo di essere rimasto solo per qualche minuto. Si è rivelato essere un uomo anziano che deve aver visto quanto lo **spettacolo** mi avesse commosso e mi ha raccontato alcune storie della sua vita, con le quali non vi annoierò ora, se non per dirvi che a volte **accadono** cose di cui non riusciamo a spiegare il motivo. Ho ringraziato l'uomo per la sua storia e gli ho dato la buonanotte.

Tornai al mio albergo con la mente **piena di** cose nuove che avevo vissuto quella notte. Non avevo mai provato nulla di simile e sapevo che non l'avrei mai dimenticato. Quella sera, mentre ero a letto e fissavo il soffitto, pensai a tutte le cose che mi erano successe da quando ero arrivata in Italia. Mi sembrava che la mia vita stesse **cambiando** sotto i miei occhi e non ero sicura di cosa fare. Sapevo solo che questo viaggio mi aveva aperto gli occhi in molti modi e che ero grata per ogni momento, bello o brutto che fosse. La **mattina** dopo mi svegliai presto e **decisi** di andare a esplorare ancora un po'. Dopo tutto, c'era ancora molto da vedere e da fare. Chissà quali altre avventure mi aspettano?

chanson s'est terminée, tout le monde a applaudi **avec enthousiasme** avant de retourner à ses occupations, me laissant seul avec mes pensées. J'étais perdu dans mes pensées lorsque quelqu'un m'a tapé sur l'épaule, ce qui m'a fait sursauter car je pensais être seul depuis quelques minutes. Il s'agissait en fait d'un vieil homme qui avait dû voir combien le **spectacle l'**avait ému et qui m'a raconté quelques histoires sur sa propre vie, que je ne vais pas vous ennuyer maintenant, si ce n'est pour dire que parfois des choses **arrivent sans que l'on puisse** en expliquer la raison. J'ai remercié l'homme pour son histoire et lui ai souhaité bonne nuit.

Je suis retourné à mon hôtel, mon esprit **s'emballant avec toutes les** nouvelles choses que j'avais vécues cette nuit-là. C'était différent de tout ce que j'avais vécu auparavant, et je savais que je ne l'oublierais jamais. Dans mon lit, cette nuit-là, en regardant le plafond, j'ai pensé à tout ce qui m'était arrivé depuis mon arrivée en Italie. J'avais l'impression que ma vie était en train de **changer** sous mes yeux, et je ne savais pas trop quoi en penser. Tout ce que je savais, c'est que ce voyage m'avait ouvert les yeux à plus d'un titre et que j'étais reconnaissante pour chaque moment, bon ou mauvais. Le lendemain **matin**, je me suis réveillée tôt et j'ai **décidé** d'aller explorer un peu plus. Après tout, il y avait encore tant de choses à voir et à faire. Qui sait quelles autres aventures m'attendent ?

Domande di comprensione

1. Cosa faceva il protagonista quando è arrivato nel Nord Italia?

2. Cosa ha provato il protagonista quando ha sentito per la prima volta il suonatore di fisarmonica?

3. Cosa disse il vecchio al protagonista?

4. Come si è sentito il protagonista dopo che il vecchio ha raccontato la sua storia?

5. Perché il viaggio del protagonista ha aperto gli occhi?

6. Cosa pensa il protagonista del Nord Italia?

7. Qual è il piano del protagonista per il giorno successivo?

8. Che tipo di emozioni prova il protagonista durante la storia?

9. Qual è la parte della storia che il protagonista preferisce?

Questions de compréhension

1. Que faisait le protagoniste lorsqu'il est arrivé en Italie du Nord ?

2. Qu'a ressenti le protagoniste lorsqu'il a entendu le joueur d'accordéon pour la première fois ?

3. Qu'a dit le vieil homme au protagoniste ?

4. Qu'a ressenti le protagoniste après que le vieil homme ait raconté son histoire ?

5. Pourquoi le voyage du protagoniste lui a-t-il ouvert les yeux ?

6. Que pense le protagoniste de l'Italie du Nord ?

7. Quel est le plan du protagoniste pour le jour suivant ?

8. Quel genre d'émotions le protagoniste ressent-il au cours de l'histoire ?

9. Quelle est la partie de l'histoire que le protagoniste préfère ?

In spiaggia

Dopo l'alba, le onde sono più forti e la sabbia sopra la marea è bianca. Cammino verso la spiaggia, **ammirando** il mare e il sole. Le mie dita dei piedi sentono i solchi delle conchiglie. La sabbia è fredda sulle dita dei piedi. Sorrido e continuo a camminare. La marea è alta, quindi devo fare attenzione a non farmi trascinare. Cammino lungo la riva, ammirando il mare. L'alba è **bellissima** e le onde si infrangono. Mi sento così in pace. Arrivo a un punto in cui c'è una roccia affiorante. Mi siedo e guardo le onde. L'acqua è così blu e il cielo è così **arancione**. Mi sembra di essere in un sogno. Chiudo gli occhi e ascolto le onde. Rimasi seduto lì per molto tempo, finché non sentii qualcuno che chiamava il mio nome.

Apro gli occhi e vedo mia madre che viene verso di me. Ha un'espressione preoccupata. Le sorrido e la saluto, e lei **si rilassa**. "Mi chiedevo dove fossi andata", dice. "Sono contenta che ti stia godendo la spiaggia". Io rispondo: "Lo sto facendo". "È così bello qui". "Lo so", dice. "Venivo sempre qui quando avevo la tua età". "Davvero?" Chiedo. "Sì", risponde. "È un posto speciale". "Hai mai incontrato qualcuno di speciale qui?". Le chiedo. "Sì", risponde sorridendo. "Tuo padre". "Davvero?" Dico, **sorpreso**. "Sì", dice

A la plage

Après le lever du soleil, les vagues sont plus fortes et le sable au-dessus de la marée est blanc. Je marche jusqu'à la plage, **admirant** la mer et le soleil. Mes orteils sentent les rainures des coquillages. Le sable est froid sur mes orteils. Je souris et je continue. La marée est haute, alors je dois faire attention à ne pas me laisser entraîner. Je marche le long du bord de l'eau, en admirant la mer. Le lever du soleil est **magnifique**, et les vagues s'écrasent. Je me sens si paisible. J'arrive à un endroit où il y a un affleurement rocheux. Je m'assieds et je regarde les vagues. L'eau est si bleue et le ciel est si **orange**. J'ai l'impression d'être dans un rêve. Je ferme les yeux et je me contente d'écouter les vagues. Je suis restée assise pendant un long moment, jusqu'à ce que j'entende quelqu'un m'appeler.

J'ouvre les yeux et je vois ma mère marcher vers moi. Elle a un air inquiet sur le visage. Je souris et je lui fais signe, et elle **se détend**. "Je me demandais où tu étais allée", dit-elle. "Je suis contente que tu profites de la plage." Je réponds : "J'en profite." "C'est tellement beau ici." "Je sais", dit-elle. "Je venais ici tout le temps quand j'avais ton âge." "Vraiment ?" Je demande. "Ouais", répond-elle. "C'est un endroit spécial." "As-tu déjà rencontré quelqu'un de spécial ici ?" Je demande. "Oui",

lei. "Venivamo sempre qui insieme. È qui che ci siamo
innamorati. "Sorrido, **immaginando i** miei genitori che
si innamorano su questa bellissima spiaggia. "È un
posto speciale", ripete. "Sono felice che siate venuti qui
oggi".

Rimaniamo seduti ancora per un po' a **guardare**
le onde e il tramonto. Poi ci alziamo e torniamo ai
nostri teli da mare. Mi sdraio e guardo le stelle. Mi
sento così felice e soddisfatta. Le onde ora sono più
forti e la sabbia è fredda. Il sole sta tramontando e
soffia una brezza fresca. Le onde si infrangono sulla
riva e nell'aria si sente l'odore del sale. È una serata
perfetta per stare in spiaggia. Cammino lungo la
riva, **ascoltando** il suono delle onde e guardando il
tramonto. Vedo un gruppo di persone sedute sulla
sabbia che ridono e scherzano. Sembra che si stiano
divertendo molto. Mi avvicino a loro e chiedo se posso
unirmi a loro. Mi rispondono di sì e passiamo il resto
della serata a parlare, ridere e guardare il **tramonto**.
È una serata perfetta. Io e il gruppo parliamo fino al
tramonto. Condividiamo storie e battute e ci divertiamo
molto. Quando la notte inizia a calare, cominciamo
tutti a sentirci stanchi. Ci **salutiamo** con un bacio e
ci separiamo. Torno al mio hotel, felice e soddisfatta.
Non riesco a credere a quanto sia bello qui. Sono così
fortunata ad averlo **vissuto**.

répond-elle avec un sourire. "Ton père." "Vraiment ?"
Je dis, **surpris**. "Oui," dit-elle. "Nous avions l'habitude
de venir ici tout le temps ensemble. C'est là que nous
sommes tombés amoureux. " Je souris, **imaginant**
mes parents tombant amoureux sur cette magnifique
plage. " C'est un endroit spécial ", répète-t-elle. "Je suis
contente que tu sois venu ici aujourd'hui."

Nous restons assis là un moment de plus, à **regarder**
les vagues et le coucher de soleil. Puis nous nous
levons et retournons à nos serviettes de plage.
Je m'allonge et regarde les étoiles. Je me sens si
heureuse et satisfaite. Les vagues sont plus fortes
maintenant, et le sable est froid. Le soleil se couche et
une brise fraîche souffle. Les vagues s'écrasent sur le
rivage et l'odeur du sel flotte dans l'air. C'est une soirée
parfaite pour être à la plage. Je me promène le long du
rivage, en **écoutant le** bruit des vagues et en regardant
le coucher du soleil. Je vois un groupe de personnes
assises sur le sable, qui rient et plaisantent. Ils ont
l'air de passer un bon moment. Je m'approche d'eux
et leur demande si je peux les rejoindre. Ils acceptent
et nous passons le reste de la soirée à parler, à rire
et à regarder le **coucher de soleil**. C'est une soirée
parfaite. Le groupe et moi parlons jusqu'au coucher du
soleil. Nous partageons des histoires et des blagues,
et nous passons tous un bon moment. À la tombée de
la nuit, nous commençons tous à nous sentir fatigués.
Nous nous embrassons et nous nous séparons.

Domande di comprensione

1. Dove va la narratrice dopo essersi svegliata?

2. Che cosa ammira la narratrice mentre cammina lungo la spiaggia?

3. A che cosa deve fare attenzione la narratrice mentre cammina lungo la spiaggia?

4. Dove si siede il narratore per godersi il panorama?

5. Per quanto tempo il narratore rimane seduto lì?

6. Chi vede la narratrice quando riapre gli occhi?

7. Cosa dice la madre del narratore?

8. Di che cosa parlano il narratore e le persone che incontra?

Questions de compréhension

1. Où va la narratrice après son réveil ?

2. Qu'est-ce que la narratrice admire en marchant le long de la plage ?

3. De quoi la narratrice doit-elle se méfier lorsqu'elle marche le long de la plage ?

4. Où le narrateur s'assoit-il pour profiter de la vue ?

5. Combien de temps le narrateur reste-t-il assis là ?

6. Qui la narratrice voit-elle lorsqu'elle ouvre à nouveau les yeux ?

7. Que dit la mère du narrateur ?

8. De quoi parlent la narratrice et les personnes qu'elle rencontre ?

Campeggio al lago

Cammino verso il lago, **ammirando** la tranquillità della scena. Il sole batte sul piccolo lago, facendo sembrare l'acqua una lastra di vetro. L'unico movimento è l'increspatura occasionale di un pesce **che rompe** la superficie. Anche gli uccelli sembrano prendersi una pausa dal caldo, con il solo suono delle cicale che riempie l'aria. **All'improvviso**, la pace è rotta da un forte tonfo. Un grosso **pesce** è saltato fuori dall'acqua, cercando di catturare una libellula. Il pesce manca il bersaglio e ricade in acqua con un tonfo. "Wow", penso tra me e me, "quello era un pesce grosso!". Mi guardai intorno per vedere se qualcun altro l'avesse visto, ma non c'era nessuno. Immagino che dovrò raccontarlo quando tornerò al campo.

Il caldo è **opprimente** e rende difficile respirare. L'aria è densa e pesante, come una coperta che ti avvolge. L'unico sollievo è l'acqua. È fresca e rinfrescante, come una bibita fresca in una giornata calda. Faccio un respiro profondo e mi immergo nell'acqua. Il sollievo è immediato quando l'acqua fresca mi circonda. Nuoto fino al fondo e poi risalgo in superficie, sentendo l'acqua rinfrescare il mio corpo. Continuo a **nuotare** a vasche, godendomi la tregua dal caldo. Dopo un po' esco dall'acqua e mi sdraio sull'erba, lasciando

Camping au lac

Je me dirige vers le lac, **admirant** la tranquillité de la scène. Le soleil tape sur le petit lac, faisant ressembler l'eau à une feuille de verre. Le seul mouvement est l'ondulation occasionnelle d'un poisson **brisant la** surface. Même les oiseaux semblent prendre une pause de la chaleur, avec seulement le son des cigales remplissant l'air. **Soudain**, la paix est rompue par un grand plouf. Un gros **poisson** a sauté hors de l'eau, essayant d'attraper une libellule. Le poisson rate sa cible et retombe dans l'eau avec un plouf. "Wow," je me dis, "c'était un gros poisson !". J'ai regardé autour de moi pour voir si quelqu'un d'autre l'avait vu, mais il n'y avait personne. Je suppose que je devrai leur dire quand je rentrerai au camp.

La chaleur est **oppressante**, il est difficile de respirer. L'air est épais et lourd, comme une couverture qui vous enveloppe. Le seul soulagement est dans l'eau. Elle est fraîche et rafraîchissante, comme une boisson fraîche par une journée chaude. Je prends une profonde inspiration et je plonge dans l'eau. Le soulagement est immédiat car l'eau fraîche m'entoure. Je nage jusqu'au fond, puis remonte à la surface, sentant l'eau refroidir mon corps. Je continue à **faire** des longueurs, appréciant le répit de la chaleur. Après un moment,

che il sole asciughi il mio corpo. Chiudo gli occhi e mi addormento, mentre il suono delle **cicale** mi culla in un sonno profondo. Lascio che il sole scrosti l'acqua dalla mia pelle. Sento la pelle arrossarsi, ma non mi importa. Sono troppo accaldato per preoccuparmene. Il cielo è di un bellissimo arancione, con striature di rosa e viola. Il caldo è scomparso, sostituito da una fresca **brezza**.

Mi alzo e mi rivesto, sentendomi rinfrescata e ringiovanita. **Respiro** profondamente l'aria fresca e sorrido. È bello essere vivi. Torno al campeggio, ammirando il modo in cui i colori danzano nel cielo. Vedo il fuoco che arde in lontananza e sento l'odore del fumo nell'aria. Sorrido e **accelero il** passo. Sono pronto a rilassarmi e a godermi il resto della serata. Entro nel campeggio e vedo che tutti sono riuniti intorno al fuoco. **Ridono** e scherzano e posso vedere il fuoco riflesso nei loro occhi. Sorrido e mi siedo accanto ai miei amici. È bello essere tornati. La mattina dopo mi sveglio presto e comincio a raccogliere le mie cose. Sono impaziente di riprendere il cammino e continuare il mio viaggio. Saluto i miei amici e mi incammino. Mentre cammino, do un'ultima occhiata al **campeggio**. Vedo il fuoco ancora acceso in lontananza e sento l'odore del fumo nell'aria. Sorrido e accelero il passo. Sono pronto a continuare il mio **viaggio**.

je sors de l'eau et je m'allonge sur l'herbe, laissant le soleil sécher mon corps. Je ferme les yeux et m'endors, le son des **cigales** me berce dans un profond sommeil. Je laisse le soleil faire sortir l'eau de ma peau. Je sens que ma peau devient rouge, mais je m'en moque. J'ai trop chaud pour m'en soucier. La prochaine chose que je sais, c'est que le soleil se couche. Le ciel est d'un bel orange, avec des traces de rose et de violet. La chaleur a disparu, remplacée par une **brise** fraîche.

Je me lève et me rhabille, me sentant rafraîchie et rajeunie. Je **respire** profondément l'air frais et je souris. C'est bon d'être en vie. Je retourne au camping, en admirant la façon dont les couleurs dansent dans le ciel. Je peux voir le feu de camp qui brûle au loin et je peux sentir la fumée dans l'air. Je souris et j'**accélère le** pas. Je suis prête à me détendre et à profiter du reste de ma soirée. J'entre dans le camping et je vois que tout le monde est rassemblé autour du feu. Ils **rient** et plaisantent, et je peux voir le feu se refléter dans leurs yeux. Je souris et m'assieds à côté de mes amis. C'est bon d'être de retour. Le lendemain matin, je me réveille tôt et je commence à préparer mes affaires. J'ai hâte de retourner sur le sentier et de poursuivre mon voyage. Je dis au revoir à mes amis et commence à m'éloigner. En marchant, je jette un dernier regard sur le **camping**. Je peux voir le feu qui brûle toujours au loin et je peux sentir la fumée dans l'air. Je souris et j'accélère le pas. Je suis prêt à poursuivre mon **voyage**.

Domande di comprensione

1. Dove sta andando il camminatore?

2. Che tempo fa?

3. Che aspetto ha l'acqua?

4. Come reagisce il deambulatore al calore?

5. Cosa sta facendo il pesce?

6. Perché il camminatore è solo?

7. Come si sente l'acqua?

8. Come si sente il camminatore dopo il nuoto?

9. A che ora del giorno si sveglia il deambulatore?

10. Dove va l'ambulante quando lascia il campo?

Questions de compréhension

1. Où va le marcheur ?

2. Quel temps fait-il ?

3. À quoi ressemble l'eau ?

4. Comment le marcheur réagit-il à la chaleur ?

5. Que fait le poisson ?

6. Pourquoi le marcheur est-il seul ?

7. Quelle est la sensation de l'eau ?

8. Comment le marcheur se sent-il après avoir nagé ?

9. A quelle heure de la journée le déambulateur se réveille-t-il ?

10. Où va le marcheur quand il quitte le camp ?

La casa

La settimana scorsa mi sono trasferita nella mia nuova casa e sono così **entusiasta**! È molto più grande di quella vecchia e ha un grande cortile. Non vedo l'ora di invitare gli amici per grigliate e feste. La mia parte **preferita** è la mia nuova camera da letto. È così grande e luminosa e ho molto spazio per mettere tutte le mie cose. Sono molto contenta della mia nuova casa e penso che sarò molto felice qui. Ho deciso di esplorare ancora un po' la casa. Sono salita al secondo piano e ho iniziato a dirigermi verso la cucina quando ho visto un grosso ragno nero sul muro! Ho urlato e sono corsa di sotto. Ero così **spaventata**! Ma dopo qualche minuto mi sono calmata e ho deciso di tornare di sopra. Mi sono avvicinata lentamente alla cucina e ho visto che il ragno non c'era più. Ero così sollevata! Tornai al piano di sotto e decisi di uscire per esplorare il **giardino**. Era così grande! Non potevo crederci. Vidi un'altalena in un angolo e uno scivolo. Vidi anche una rete da basket e un **trampolino**. Ero così eccitato!

Non vedo l'ora di usare tutto questo nuovo materiale. I **vicini sono** venuti e si sono presentati. Sembravano molto gentili e abbiamo parlato per un po'. Mi hanno invitato al loro barbecue il prossimo fine settimana e ho detto che mi sarebbe piaciuto venire. La prima settimana nella mia nuova casa è stata fantastica e

La Maison

J'ai emménagé dans ma nouvelle maison la semaine dernière, et je suis si **excitée** ! Elle est tellement plus grande que l'ancienne, et elle a un grand jardin. J'ai hâte d'inviter des amis pour des barbecues et des fêtes. Ce que je **préfère,** c'est ma nouvelle chambre. Elle est si grande et lumineuse, et j'ai beaucoup d'espace pour mettre toutes mes affaires. Je suis très contente de ma nouvelle maison et je pense que je serai très heureuse ici. J'ai décidé d'explorer un peu plus la maison. Je suis monté au deuxième étage et j'ai commencé à me diriger vers la cuisine quand j'ai vu une grosse araignée noire sur le mur ! J'ai crié et j'ai couru en bas. J'avais tellement **peur** ! Mais après quelques minutes, je me suis calmée et j'ai décidé de retourner à l'étage. J'ai lentement fait mon chemin vers la cuisine et j'ai vu que l'araignée était partie. J'étais tellement soulagée ! Je suis redescendu et j'ai décidé de sortir pour explorer le **jardin**. Elle était si grosse ! Je n'arrivais pas à y croire. J'ai vu une balançoire dans le coin et un toboggan. J'ai aussi vu un filet de basket et un **trampoline**. J'étais tellement excitée!

J'ai hâte d'utiliser tous ces nouveaux trucs. Les **voisins** sont venus et se sont présentés. Ils avaient l'air très gentils, et nous avons parlé un moment. Ils m'ont invité à leur barbecue le week-end prochain, et j'ai dit que j'aimerais beaucoup venir. J'ai passé une excellente

sono entusiasta di tutte le nuove avventure che mi aspettano. Oggi andrò di nuovo a esplorare il cortile per vedere cos'altro riesco a trovare. Chissà, forse troverò anche un **tesoro**. Non vedo l'ora di vedere cosa mi porterà la prossima settimana! La settimana successiva sono andata di nuovo in esplorazione nel cortile e ho trovato un giardino **segreto**. Era così bello! C'erano fiori dappertutto e un laghetto con i pesci. Ho visto anche un'altalena che non avevo mai visto prima. Ero così entusiasta di aver trovato questo giardino segreto e non vedo l'ora di esplorarlo ancora. Era così **bello**!

C'erano fiori dappertutto e un laghetto con dei pesci. Ho visto anche un'**altalena** che non avevo mai visto prima. Ero così entusiasta di aver trovato questo giardino segreto e non vedo l'ora di esplorarlo meglio. Mi è piaciuta molto anche la mia nuova stanza. Era così grande e luminosa e sulle pareti c'erano già i poster delle mie band preferite. Non ho nemmeno dovuto portare i miei **mobili**, perché c'erano già un letto, una cassettiera e una scrivania. Questo sarà l'anno migliore di sempre! Ero un po' nervosa all'idea di iniziare una nuova **scuola**, ma tutti i miei nuovi vicini sono stati così amichevoli. Ho persino conosciuto una ragazza che abita nella casa accanto e ha detto che verrà a scuola con me il primo giorno.

première semaine dans ma nouvelle maison et j'ai hâte de vivre toutes les nouvelles aventures qui m'attendent. Aujourd'hui, je vais encore aller explorer le jardin et voir ce que je peux trouver d'autre. Qui sait, peut-être vais-je même trouver un **trésor**. J'ai hâte de voir ce que la semaine prochaine nous réserve ! La semaine suivante, je suis retourné explorer le jardin et j'ai trouvé un jardin **secret**. C'était tellement beau ! Il y avait des fleurs partout et un petit étang avec des poissons dedans. J'ai aussi vu une balançoire que je n'avais jamais vue auparavant. J'étais si excitée de trouver ce jardin secret, et j'ai hâte de l'explorer davantage. C'était tellement **beau** !

Il y avait des fleurs partout et un petit étang avec des poissons dedans. J'ai aussi vu une **balançoire** que je n'avais jamais vue auparavant. J'étais si excitée de trouver ce jardin secret, et j'ai hâte de l'explorer davantage. J'ai aussi adoré ma nouvelle chambre. Elle était si grande et lumineuse, et il y avait déjà des posters de mes groupes préférés sur les murs. Je n'ai même pas eu besoin d'apporter mes propres **meubles** car il y avait déjà un lit, une commode et un bureau. Ça va être la meilleure année de ma vie ! J'étais un peu nerveux à l'idée de commencer dans une nouvelle **école**, mais tous mes nouveaux voisins ont été si gentils. J'ai même rencontré une fille qui habite à côté et elle m'a dit qu'elle m'accompagnerait à l'école le premier jour.

Domande di comprensione

1. Dove vive la persona?

2. Come si trova la persona nella nuova casa?

3. Qual è la parte preferita della nuova casa?

4. Che cosa ha trovato la persona nel giardino?

5. Chi sono i vicini?

6. Come sono stati i primi giorni nella nuova casa?

7. Qual è la parte preferita della nuova stanza?

8. Che cosa ha intenzione di fare domani?

9. Qual è stata la parte migliore della prima settimana nella nuova casa?

10. Che cosa c'è nella nuova stanza della persona?

Questions de compréhension

1. Où vit la personne ?

2. Comment la personne se sent-elle dans sa nouvelle maison ?

3. Quelle est la partie de la nouvelle maison que la personne préfère ?

4. Qu'est-ce que la personne a trouvé dans le jardin ?

5. Qui sont les voisins ?

6. Comment se sont passés les premiers jours de la personne dans sa nouvelle maison ?

7. Quelle est la partie de la nouvelle pièce que la personne préfère ?

8. Qu'est-ce que la personne prévoit de faire demain ?

9. Quelle a été la meilleure partie de la première semaine de la personne dans sa nouvelle maison ?

10. Qu'y a-t-il dans la nouvelle chambre de la personne ?

Sul treno

Corsi alla stazione ferroviaria, ma ero troppo in ritardo. Il treno era già partito senza di me. Mi sentivo così **arrabbiata** e **delusa** con me stessa. Avevo intenzione di prendere il treno per andare a trovare i miei nonni che vivono in campagna, ma ora avrei dovuto aspettare un'ora intera per il treno successivo. Decisi invece di passeggiare un po' per la città, cercando di dimenticare l'occasione persa. Mentre camminavo, ho iniziato a **sognare a occhi aperti** tutti i luoghi in cui il **treno** può portarti. Improvvisamente, non ero più così arrabbiata. Rientro in stazione e non posso fare a meno di notare la grande locomotiva rossa, bianca e blu che si dirige verso di me. Solo quando vedo il **capotreno che** mi saluta dal finestrino capisco che quel treno è per me. Salgo sul treno e trovo il mio posto, sistemandomi per quello che si preannuncia un lungo viaggio.

Mentre usciamo dalla stazione, non posso fare a meno di chiedermi dove mi porterà questo treno. Attraverso **campi** verdi e fiumi blu, passando per montagne e valli, non si sa dove andrà questo vecchio treno. Quando inizia a calare la notte, mi addormento in un sonno **tranquillo**, cullato dal movimento **ritmico** dei vagoni sui binari sottostanti. Quando arriva il mattino, apro gli occhi e scopro che siamo arrivati in una piccola città nel bel mezzo del nulla. Il sole fa appena capolino

Dans le train

J'ai couru jusqu'à la gare, mais c'était trop tard. Le train était déjà parti sans moi. Je me suis sentie tellement **en colère** et **déçue** de moi-même. J'avais prévu de prendre le train pour rendre visite à mes grands-parents qui vivent à la campagne, mais maintenant je devais attendre le prochain train pendant une heure entière. J'ai décidé de me promener un peu dans la ville à la place et j'ai essayé d'oublier cette occasion manquée. En marchant, j'ai commencé à **rêver à** tous les endroits où le **train** peut vous emmener. Soudain, je n'étais plus aussi contrariée. Je suis retourné dans la gare et je n'ai pu m'empêcher de remarquer la grande locomotive rouge, blanche et bleue qui se dirigeait vers moi. Ce n'est que lorsque je vois le **conducteur** me faire signe par la fenêtre que je réalise que ce train est pour moi. Je monte dans le train et trouve mon siège, m'installant pour ce qui promet d'être un long voyage.

Alors que nous sortons de la gare, je ne peux m'empêcher de me demander où ce train va m'emmener. À travers des **champs** verts et des rivières bleues, en passant par des montagnes et des vallées, on ne sait pas où ce vieux train va aller. À la tombée de la nuit, je m'endors **paisiblement**, bercé par le mouvement **rythmique** des wagons sur les rails en contrebas. Quand le matin revient, j'ouvre les yeux

all'orizzonte, mentre la gente del posto inizia a girare per la Main Street; sembra un giorno come un altro, tranne che per una cosa: c'è un grande cartello affisso vicino al municipio che recita "Benvenuti a bordo!". Sembra che questa piccola città ci stesse aspettando, anche se siamo solo un normale treno **passeggeri** di passaggio sulla nostra strada. Mentre ci lasciamo ancora una volta la città alle spalle, andando verso chissà dove, sorrido a tutte le facce amichevoli che ci salutano da quelle casette incastonate tra i **campi coltivati:** è davvero incredibile come qualcosa di così apparentemente ordinario possa portare tanta gioia semplicemente passando di lì. E poi, naturalmente, ci sono i **bambini**.

Mi affaccio al finestrino della mia locomotiva. Mi fanno sempre sentire così felice con i loro occhi lucidi e i loro grandi sorrisi. Li saluto energicamente prima di tornare nella mia **cabina** e sedermi. È stata già una lunga giornata, ma non è ancora finita; mancano ancora alcune ore per raggiungere la nostra **destinazione** finale. Tiro fuori il mio libro e inizio a leggere, lasciando che il dondolio ritmico del treno mi culli in uno stato di pace. Di tanto in tanto alzo lo sguardo verso il paesaggio che passa fuori: non diventa mai vecchio, anche se lo vedo tante volte.

pour constater que nous sommes arrivés dans une petite ville quelque part au milieu de nulle part. Le soleil pointe à peine à l'horizon et les habitants commencent à s'agiter dans la rue principale ; c'est un jour comme les autres ici, à l'exception d'une chose : il y a un grand panneau près de l'hôtel de ville qui dit "Bienvenue à bord". Il semble que cette petite ville nous attendait, même si nous ne sommes qu'un train de **voyageurs** ordinaire qui passe par là pour aller ailleurs. Alors que nous laissons la ville derrière nous une fois de plus, en direction d'on ne sait où, je souris à tous les visages amicaux qui nous saluent depuis ces petites maisons nichées au milieu des **terres agricoles - c'**est vraiment étonnant de voir comment quelque chose d'apparemment si ordinaire peut apporter tant de joie simplement en passant par là. Et puis, bien sûr, il y a les **enfants**.

Je me penche par la fenêtre de ma locomotive. Ils me rendent toujours si heureux avec leurs yeux brillants et leurs grands sourires. Je leur fais un signe de la main énergique avant de retourner dans ma **cabine** et de m'asseoir. La journée a déjà été longue, mais elle n'est pas encore terminée ; il reste encore quelques heures avant d'atteindre notre **destination** finale. Je sors mon livre et commence à lire, laissant le balancement rythmique du train me bercer dans un état paisible. ans tant d'aventures, réelles ou **imaginaires**, et je leur en serai toujours reconnaissant.

Domande di comprensione

1. Dove va il treno?

2. Chi viaggia sul treno?

3. Quando parte il treno?

4. Come fa il protagonista a salire sul treno?

5. Da dove viene il treno?

6. Dove è diretto il treno?

7. Quando sono arrivati i passeggeri?

8. Come si sente il protagonista quando perde il treno?

9. Come reagisce il macchinista quando vede il protagonista?

10. Perché al protagonista piacciono i treni?

Questions de compréhension

1. Où va le train ?

2. Qui voyage dans le train ?

3. Quand le train part-il ?

4. Comment le protagoniste monte-t-il dans le train ?

5. D'où vient le train ?

6. Où le train va-t-il ensuite ?

7. Quand les passagers sont-ils arrivés ?

8. Que ressent le protagoniste lorsqu'il rate le train ?

9. Comment le conducteur du train réagit-il lorsqu'il voit le protagoniste ?

10. Pourquoi le protagoniste aime-t-il les trains ?

Cucinare la cena

Sono le 17.00 e sto tornando a casa dal lavoro. Non vedo l'**ora** di passare una serata tranquilla a casa con il mio compagno. Cucineremo insieme la cena e poi ci rilasseremo per il resto della serata. È bello sapere che questa **sera non ho** programmi o obblighi. Arrivo a casa e il mio partner è già in cucina a preparare la cena. C'è un profumo **fantastico** qui dentro! Chiacchieriamo mentre cuciniamo, raccontandoci le nostre giornate e condividendo piccole storie della nostra vita lavorativa. La cucina è la mia stanza preferita del nostro appartamento. Adoro cucinare e soprattutto adoro farlo con il mio compagno. Ci divertiamo sempre molto qui dentro, ridendo e scherzando mentre cuciniamo. Inoltre, il cibo è sempre **incredibile** quando lavoriamo **insieme**.

Stasera prepariamo una delle mie ricette preferite di sempre: il **pollo** alla parmigiana. Il mio collega inizia a impanare il pollo, mentre io faccio cuocere la salsa sul **fuoco**. Lavoriamo insieme come una macchina ben oliata e in poco tempo la cena è pronta da servire. Ci sediamo al tavolo della nostra cucina con i **piatti** colmi di pollo alla parmigiana, pasta e insalata. Facciamo tintinnare i bicchieri e assaggiamo il primo boccone... ed è **paradisiaco**! Il pollo è croccante all'esterno ma succoso all'interno; il sugo è saporito e

Cuisiner le dîner

Il est 17 heures et je rentre à pied du travail. J'ai **hâte** de passer une soirée tranquille à la maison avec mon partenaire. Nous allons préparer le dîner ensemble et nous détendre pour le reste de la nuit. C'est agréable de savoir que je n'ai aucun projet ni aucune obligation ce **soir**. J'arrive à la maison et mon partenaire est déjà dans la cuisine, en train de préparer notre dîner. Ça sent **très bon** ici ! Nous bavardons tout en cuisinant, prenant des nouvelles de nos journées respectives et partageant des petites histoires de nos vies professionnelles. La cuisine est ma pièce préférée dans notre appartement. J'adore cuisiner, et j'aime particulièrement cuisiner avec mon partenaire. Nous passons toujours un bon moment ici, à rire et à plaisanter pendant que nous cuisinons. De plus, la nourriture est toujours **incroyable** lorsque nous travaillons **ensemble**.

Ce soir, nous faisons l'une de mes recettes préférées : le **poulet au** parmesan. Mon partenaire commence par paner le poulet pendant que je fais mijoter la sauce sur la **cuisinière**. Nous travaillons ensemble comme une machine bien huilée, et en peu de temps, le dîner est prêt à être servi. Nous nous asseyons à notre petite table de cuisine avec des **assiettes** remplies de poulet

perfetto; la pasta è cotta al dente... tutto ha un sapore assolutamente perfetto stasera. Sappiamo entrambi che questa è stata una di quelle sere in cui tutto si è unito alla perfezione, mentre **assaporiamo** fino all'ultimo boccone il nostro delizioso pasto. Il sapore era persino migliore del profumo, che era dannatamente buono! Finiamo il pasto relativamente in fretta, visto che oggi nessuno dei due ha particolarmente fame, ma ci prendiamo il tempo necessario per goderci qualche altro **bicchiere di** vino chiacchierando con leggerezza di questo e quell'argomento. Dopo cena, puliamo velocemente insieme e poi ci spostiamo in salotto, dove passiamo un po' di tempo **a coccolarci** sul divano guardando la TV.

È così bello stare vicini dopo una lunga giornata di **lavoro**. Mi sento soddisfatta. Anche se non abbiamo avuto una serata movimentata, è stato bello passare un po' di tempo insieme senza dover uscire di casa. Abbiamo guardato un film e siamo andati a letto presto, sentendoci **soddisfatti** della nostra semplice serata. Questa è diventata una delle cose che **preferiamo** fare nelle sere in cui non vogliamo uscire: rilassarci a casa e goderci la reciproca compagnia con un pasto fatto in casa.

au parmesan, de pâtes et de salade. Nous faisons tinter les verres et prenons notre première bouchée - et c'est **divin** ! Le poulet est croustillant à l'extérieur mais juteux à l'intérieur ; la sauce est savoureuse et parfaite ; les pâtes sont cuites al dente... tout a un goût absolument parfait ce soir. Nous savons tous les deux que c'était l'une de ces nuits où tout s'est parfaitement réuni alors que nous **savourons** chaque bouchée de notre délicieux repas. Le goût était encore meilleur que l'odeur, qui était sacrément bonne ! Nous terminons notre repas assez rapidement car aucun de nous n'a particulièrement faim aujourd'hui, mais nous prenons notre temps en dégustant quelques **verres** de vin supplémentaires tout en discutant légèrement de tel ou tel sujet. Après le dîner, nous nettoyons rapidement ensemble et passons au salon, où nous passons un moment à **nous câliner** sur le canapé en regardant la télévision.

C'est tellement agréable d'être près l'un de l'autre après une longue journée de **travail** séparé. Je me sens satisfaite. Même si la soirée n'a pas été très animée, c'était agréable de passer du temps ensemble sans avoir à quitter la maison. Nous avons regardé un film et nous nous sommes couchés tôt, **satisfaits** de notre simple soirée. C'est devenu l'une de nos activités **préférées** les soirs où nous n'avons pas envie de sortir - se détendre à la maison et profiter de la compagnie de l'autre autour d'un repas fait maison.

Domande di comprensione

1. Da dove viene il narratore?

2. Cosa fa il narratore dopo il lavoro?

3. Cosa mangia il narratore per cena?

4. Perché al narratore piace la cucina?

5. Che tipo di piatto cucina la coppia?

6. Come si sente il narratore alla fine della serata?

7. Qual è la cosa che la coppia preferisce fare?

8. Cosa fa la coppia quando è stanca?

9. Dove dormono?

10. Perché al narratore piace stare a casa?

Questions de compréhension

1. D'où vient le narrateur ?

2. Que fait le narrateur après le travail ?

3. Que mange le narrateur pour le dîner ?

4. Pourquoi le narrateur aime-t-il la cuisine ?

5. Quel genre de plat le couple cuisine-t-il ?

6. Que ressent le narrateur à la fin de la soirée ?

7. Quelle est l'activité préférée du couple ?

8. Que fait le couple quand il est fatigué ?

9. Où dorment-ils ?

10. Pourquoi le narrateur aime-t-il rester à la maison ?

Camminare verso casa

Era una notte **tranquilla** mentre tornavo a casa dal lavoro. Mentre camminavo, non potevo fare a meno di sorridere ai ricordi. Era bello tornare nel mio vecchio quartiere. Salutai alcune persone che conoscevo e loro ricambiarono il saluto. Era bello essere a casa. Passai davanti alla mia vecchia scuola e **ricordai** tutti i bei momenti passati con i miei amici. Tornavamo sempre a casa insieme e parlavamo della nostra giornata. **A volte ci** fermavamo a prendere un gelato o andavamo al parco. Erano i momenti migliori. Mi mancano quei momenti. Ma ora ho la mia famiglia e sono felice della mia vita. Sono felice di poter guardare indietro a quei ricordi e sorridere. Sono una parte della mia vita che conserverò per sempre. Erano i tempi migliori. Mi mancano quei tempi. Ma ora ho la mia famiglia e sono felice della mia vita. Sono felice di poter guardare indietro a quei **ricordi** e sorridere. Sono una parte della mia vita che conserverò per sempre.

Continuo a camminare, pensando ai bei momenti passati con i miei amici. So che li rivedrò presto. Mi dirigo verso casa e decido di passeggiare in un parco lì vicino. Il sole sta tramontando e il cielo sta diventando

Walking Home

C'était une nuit **paisible** alors que je rentrais du travail. En marchant, je ne pouvais m'empêcher de sourire aux souvenirs. C'était bon d'être de retour dans mon ancien quartier. J'ai salué quelques personnes que je connaissais, et elles m'ont salué en retour. C'était bon d'être chez soi. Je suis passé devant mon ancienne école et je **me suis souvenu de** tous les bons moments que j'ai passés avec mes amis. On rentrait toujours ensemble à la maison et on parlait de notre journée. **Parfois,** on s'arrêtait pour acheter une glace ou aller au parc. C'était les meilleurs moments. Ces moments me manquent. Mais maintenant, j'ai ma propre famille et je suis heureuse de ma vie. Je suis heureux de pouvoir repenser à ces souvenirs et de sourire. Ils font partie de ma vie et je les chérirai toujours. C'était les meilleurs moments. Ils me manquent. Mais maintenant, j'ai ma propre famille et je suis heureux de ma vie. Je suis heureux de pouvoir repenser à ces **souvenirs** et de sourire. Ils font partie de ma vie et je les chérirai toujours.

Je continue à marcher, en pensant aux bons moments que j'ai passés avec mes amis. Je sais que je les

di un **bel** colore arancione. Il parco è vuoto, a parte qualche uccello che cinguetta tra gli alberi. Faccio un **respiro** profondo e sorrido. Mentre cammino nel parco, vedo una stella cadente che attraversa il cielo. Esprimo un desiderio su quella stella e continuo a camminare. Penso alla mia giornata di lavoro e a quanto sia stata **tranquilla**. Sorrido tra me e me, pensando a quanto sono fortunata ad avere un lavoro così bello. Cammino verso casa, **sentendo** l'aria fresca della notte sulla mia pelle. Mi sento così viva e felice, godendomi il semplice atto di tornare a casa in una notte tranquilla.
Mi sentivo così bene che iniziai a **fischiettare**. Passai accanto ad alcune persone per strada, ma tutte si facevano gli affari loro.

Svoltato l'angolo della mia strada, vidi il gatto del mio vicino, Mr. Whiskers, seduto sul mio portico. Lo salutai e lui ricambiò il miagolio. **Aprii la** porta ed entrai.
Ero così felice di essere a casa. Mi tolsi le scarpe e mi preparai per andare a letto. Quella sera andai a letto felice e grata, con il cuore pieno d'amore. Dormii profondamente per tutta la notte, senza preoccuparmi di nulla. Mi svegliai da un sonno ristoratore e fui **accolta** dal sole che entrava dalla finestra.

reverrai bientôt. Je me dirige vers ma maison et décide de me promener dans un parc à proximité. Le soleil se couche et le ciel prend une **belle** couleur orange. Le parc est vide, à l'exception de quelques oiseaux qui gazouillent dans les arbres. Je prends une profonde **inspiration** et je souris. Alors que je marche dans le parc, je vois une étoile filante traverser le ciel. J'ai fait un vœu sur cette étoile et j'ai continué à marcher. Je pense à ma journée de travail et au **calme qui** y régnait. Je souris à moi-même, en pensant à la chance que j'ai d'avoir un si bon travail. Je rentre chez moi, en **sentant l'**air frais de la nuit sur ma peau. Je me sens si vivante et heureuse, profitant du simple fait de rentrer chez moi par une nuit paisible. Je me sentais si bien que j'ai commencé à **siffler**. Je suis passé devant quelques personnes dans la rue, mais elles s'occupaient toutes de leurs affaires.

J'ai tourné le coin de ma rue et j'ai vu le chat de mon voisin, M. Whiskers, assis sur mon porche. Je lui ai dit bonjour et il miaulait en retour. J'ai **déverrouillé** ma porte et je suis entrée. J'étais si heureuse d'être chez moi. J'ai enlevé mes chaussures et me suis préparée pour aller me coucher. Je me suis couchée ce soir-là, heureuse et reconnaissante, le cœur plein d'amour. J'ai dormi profondément toute la nuit, sans me soucier de rien. Je me suis réveillée d'un sommeil réparateur et j'ai été **accueillie** par le soleil qui brillait à travers ma fenêtre.

Domande di comprensione

1. Cosa stava facendo il protagonista quando è iniziata la storia?

2. A cosa pensava il protagonista mentre tornava a casa?

3. Cosa faceva il protagonista con gli amici dopo la scuola?

4. Cosa manca al protagonista di quei tempi?

5. Cosa pensa il protagonista della sua vita attuale?

6. Cosa fa il protagonista quando vede una stella cadente?

7. Come si sente il protagonista quando torna a casa?

8. Cosa fa il protagonista quando torna a casa?

9. Come si sente il protagonista quando si sveglia la mattina dopo?

10. Cosa fa il protagonista il giorno dopo?

Questions de compréhension

1. Que faisait le protagoniste au début de l'histoire ?

2. À quoi le protagoniste a-t-il pensé en rentrant chez lui ?

3. Qu'est-ce que le protagoniste avait l'habitude de faire avec ses amis après l'école ?

4. Qu'est-ce que le protagoniste regrette de cette époque ?

5. Que pense le protagoniste de sa vie actuelle ?

6. Que fait le protagoniste lorsqu'il voit une étoile filante ?

7. Que ressent le protagoniste lorsqu'il rentre à pied chez lui ?

8. Que fait le protagoniste lorsqu'il rentre chez lui ?

9. Que ressent le protagoniste lorsqu'il se réveille le lendemain matin ?

10. Que fait le protagoniste le lendemain ?

Il castello

La famiglia aveva sempre desiderato visitare un antico castello in **Germania** e finalmente ha intrapreso il viaggio. Non sono rimasti **delusi**. Il castello era bellissimo e si sono divertiti a esplorare le sue stanze e i suoi corridoi. La prima cosa che li colpì fu l'odore. Trovarono **muffa**, umidità e qualcos'altro che non riuscirono a definire con precisione. La seconda cosa è stata il suono. I muri di pietra sono spessi, ma non attutiscono completamente il suono. Sentirono ogni passo, ogni parola pronunciata con voce normale e l'occasionale gocciolio dell'acqua **da qualche parte** in lontananza. Quando i loro occhi si adattarono alla luce fioca, videro le massicce mura di pietra che incombevano intorno a loro, con gli arazzi appesi a **brandelli**. Si trovavano in un'enorme sala con un alto soffitto sostenuto da pilastri scolpiti. Anche a loro piaceva molto la vista che si godeva dalle torrette e i bambini si divertivano un mondo a correre per il parco. Quando finirono di esplorare il castello, il **sole** era già tramontato e si pentirono di non aver portato una **torcia**. Decisero di tornare all'ingresso, ma si persero subito. Vagarono per ore e ore, finché alla fine trovarono una porta che conduceva all'esterno. Proseguirono fino **alla** fine del corridoio e si trovarono davanti a un'imponente serie di doppie porte. Per

Le château

La famille avait toujours voulu visiter un vieux château en **Allemagne**, et elle a finalement fait le voyage. Ils n'ont pas été **déçus**. Le château était magnifique, et ils ont pris plaisir à explorer ses nombreuses pièces et couloirs. La première chose qui les frappe est l'odeur. Ils ont trouvé de la **moisissure**, de l'humidité et quelque chose d'autre qu'ils n'ont pas réussi à identifier. La deuxième chose a été le son. Les murs de pierre sont épais, mais ils n'étouffent pas complètement le son. Ils ont entendu chaque pas, chaque mot prononcé d'une voix normale, et le goutte-à-goutte occasionnel de l'eau **quelque part** au loin. Lorsque leurs yeux se sont adaptés à la faible lumière, ils ont vu des murs de pierre massifs se dresser tout autour d'eux, des tapisseries en **lambeaux y étant** suspendues. Ils se tenaient dans un immense hall avec un haut plafond soutenu par des piliers sculptés. Ils ont également aimé les vues depuis les tourelles, et les enfants ont eu beaucoup de plaisir à courir dans le parc. Le **soleil** avait commencé à se coucher lorsqu'ils ont fini d'explorer le château, et ils ont regretté de ne pas avoir apporté de **lampe de poche**. Ils ont décidé de retourner à l'entrée, mais ils se sont vite perdus. Ils errent pendant des heures, jusqu'à ce qu'ils trouvent enfin une porte qui mène à l'extérieur. Ils ont continué jusqu'à ce qu'ils **atteignent le** bout du

quanto potessero, le porte non si muovevano. Scricchiolano **minacciosamente**, ma non si muovono di un millimetro. Sembrava che chiunque fosse stato qui prima dovesse essere passato di qui e averle chiuse dall'interno. Alla fine trovano una via d'uscita. Il sollievo li invade mentre escono nell'aria fresca della notte.

Il sole aveva iniziato a tramontare e si **pentirono di non aver** portato una torcia. Decisero di tornare all'ingresso, ma si persero subito. Vagarono per ore e ore, finché alla fine trovarono una porta che conduceva all'**esterno**. Il sollievo li colse quando uscirono nell'aria fresca della notte. La sera successiva si assicurarono di portare con sé una torcia per esplorare il resto del castello. Attraversarono il **cortile** e scesero fino al fiume che scorreva dietro le mura del **castello**. Mentre camminavano, cominciarono a sentire strani rumori. Sembrava che qualcuno li stesse seguendo. Accelerarono il passo, ma i rumori diventavano sempre più forti e vicini. La famiglia tornò al castello il più velocemente possibile e si accorse con sollievo che la figura con il mantello **scuro** non li aveva seguiti.

couloir et arrivent à une imposante série de doubles portes. Ils ont beau essayer, les portes ne bougent pas. Elles cliquettent **sinistrement** mais ne bougent pas d'un pouce. On dirait que celui qui était ici avant a dû passer par là et les verrouiller de l'intérieur. Finalement, ils ont trouvé un moyen de sortir. Le soulagement les envahit alors qu'ils sortent dans l'air frais de la nuit.

Le soleil avait commencé à se coucher, et ils **regrettaient de ne pas avoir** apporté de lampe de poche. Ils ont décidé de retourner à l'entrée, mais ils se sont vite perdus. Ils ont erré pendant ce qui leur a semblé être des heures, jusqu'à ce qu'ils trouvent enfin une porte qui menait à **l'extérieur**. Le soulagement les a envahis alors qu'ils sortaient dans l'air frais de la nuit. Le lendemain soir, ils ont pris soin d'emporter une lampe de poche pour explorer le reste du château. Ils ont traversé la **cour** et sont descendus jusqu'à la rivière qui coulait derrière les murs du **château**. Alors qu'ils se promenaient, ils ont commencé à entendre des bruits étranges. On aurait dit que quelqu'un les suivait. Ils accélèrent le pas, mais les bruits deviennent plus forts et plus proches. Les membres de la famille courent vers le château aussi vite qu'ils le peuvent, et ils sont soulagés de voir que la silhouette au manteau **sombre** ne les a pas suivis.

Domande di comprensione

1. Cosa fece la famiglia quando si perse nel castello?

2. Come si è sentita la famiglia quando ha scoperto che si trattava solo di un uomo del posto?

3. Che cosa ha fatto l'uomo che lo ha fatto arrestare?

4. Qual è stata la sentenza per l'uomo?

5. Quale rumore ha sentito la famiglia mentre camminava?

6. Dov'era la figura con il mantello scuro quando la famiglia lo vide?

7. Che cosa ha fatto la famiglia quando è tornata nella sua stanza?

8. Quando la famiglia è tornata a esplorare il castello?

9. Qual era la cosa che la famiglia non riusciva a capire?

10. Che cosa fece la famiglia prima di tornare a esplorare il castello?

Questions de compréhension

1. Qu'a fait la famille lorsqu'elle s'est perdue dans le château ?

2. Comment la famille s'est-elle sentie quand elle a découvert que c'était juste un homme du coin ?

3. Qu'a fait l'homme qui a été arrêté ?

4. Quelle a été la sentence pour cet homme ?

5. Quel bruit la famille a-t-elle entendu pendant qu'elle marchait ?

6. Où était le personnage au manteau sombre quand la famille l'a vu ?

7. Qu'a fait la famille en rentrant dans sa chambre ?

8. Quand la famille est-elle repartie explorer le château ?

9. Quelle était la chose sur laquelle la famille n'arrivait pas à mettre le doigt ?

10. Qu'a fait la famille avant de retourner explorer le château ?

Il mio giardino

Il mio giardino è il mio luogo felice. Esco ogni giorno, con la pioggia o con il sole, e passo il tempo a curare le mie piante. Ho un po' di **tutto: verdure**, frutta, fiori, erbe aromatiche. Ho anche alcune galline che mi aiutano a tenere lontani i parassiti. Inizio le mie giornate in giardino raccogliendo le uova dalle galline. Poi controllo le verdure, assicurandomi che ricevano acqua e sole a sufficienza. Diserbo le aiuole e rimuovo gli insetti che potrebbero **attaccare** le piante. Una volta sistemato **tutto**, mi siedo e mi godo la pace e la tranquillità della natura.

Ho sempre amato trascorrere del tempo nel mio giardino. C'è qualcosa nell'essere circondati dalla natura e da tutta la **bellezza che** ha da offrire. Trovo che sia un luogo molto tranquillo e rilassante. Spesso trascorro il tempo nel mio giardino rilassandomi e godendomi il paesaggio. Mi piace anche lavorare nel mio giardino e coltivare. Ho un giardino di buone dimensioni e mi piace coltivare **diverse** cose. Coltivo fiori, **verdure** ed erbe aromatiche. Ho anche alcuni alberi da frutto che producono mele, pere e prugne deliziose. Oltre a coltivare, mi piace anche passare il tempo passeggiando nel mio giardino, **ammirando** tutte le piante e gli animali che lo abitano. Negli anni

Mon jardin

Mon jardin est mon coin de paradis. J'y vais tous les jours, qu'il pleuve ou qu'il vente, et je passe du temps à m'occuper de mes plantes. J'ai un peu de **tout :** **légumes**, fruits, fleurs, herbes. J'ai même quelques poules qui m'aident à tenir les parasites à distance. Je commence mes journées dans le jardin en ramassant les œufs des poules. Puis je vérifie que mes légumes reçoivent suffisamment d'eau et de soleil. Je désherbe les plates-bandes et j'élimine les insectes qui pourraient **attaquer** les plantes. Une fois que **tout est** fait, je m'assois et je profite de la paix et du calme de la nature.

J'ai toujours aimé passer du temps dans mon jardin. Il y a quelque chose dans le fait d'être entouré par la nature et toute la **beauté qu'**elle a à offrir. Je trouve que c'est un endroit très paisible et apaisant. Je passe souvent du temps dans mon jardin à me détendre et à profiter du paysage. J'aime aussi travailler dans mon jardin et faire pousser des choses. J'ai un jardin d'assez bonne taille et j'aime y faire pousser toutes **sortes** de choses. Je fais pousser des fleurs, des **légumes** et des herbes aromatiques. J'ai aussi quelques arbres fruitiers qui produisent de délicieuses pommes, poires et prunes. En plus de faire pousser des choses, j'aime aussi passer du temps à me promener dans mon jardin,

ho trascorso molte ore a lavorare per rendere il mio **giardino** un luogo non solo bello ma anche funzionale. Mi piace osservare gli uccelli che svolazzano in giro e ascoltarli cantare. A volte tiro fuori un libro e leggo in giardino, circondata da tutta la bellezza che ho creato. Il **giardinaggio** è la mia passione e mi porta tanta gioia. Ogni giorno nel mio giardino è un buon giorno.

Una delle cose che amo fare è cucinare, quindi avere un giardino di erbe aromatiche ben fornito è molto **importante** per me. Timo, basilico, origano, rosmarino, salvia e lavanda sono solo alcune delle erbe che mi piace coltivare nel mio giardino per poterle usare quando cucino per me o per gli **ospiti**. Un'altra cosa importante per me quando si tratta del mio giardino è assicurarmi che ci sia molto colore in tutto il giardino. Per raggiungere questo obiettivo, coltivo un'ampia varietà di fiori, tra cui **rose**, gigli, margherite, tulipani, impatiens, calendule, ecc. Oltre ad aggiungere colore con i fiori, mi piace anche aggiungere interesse utilizzando diverse **texture** in tutto il giardino. Per esempio, potrei piantare felci sotto imponenti girasoli o hosta **accanto a** spigolose erbe ornamentali. Indipendentemente da ciò che accade nella vita, lavorare nel mio giardino **riesce** sempre a farmi sentire più connessa con la natura e in pace con me stessa.

à **admirer** toutes les plantes et tous les animaux qui y vivent. J'ai passé de nombreuses heures au fil des ans à faire de mon **jardin** un endroit non seulement beau mais aussi fonctionnel. J'aime regarder les oiseaux voltiger et les écouter chanter. Parfois, je sors même un livre et je lis dans le jardin, entourée de toute la beauté que j'ai créée. Le **jardinage** est ma passion et il m'apporte tant de joie. Chaque jour dans mon jardin est un bon jour.

L'une des choses que j'aime faire, c'est cuisiner. Il est donc très **important pour moi d'**avoir un jardin d'herbes aromatiques bien garni. Le thym, le basilic, l'origan, le romarin, la sauge et la lavande sont quelques-unes des herbes que j'aime faire pousser dans mon jardin pour pouvoir les utiliser lorsque je prépare des repas pour moi ou pour mes **invités**. Une autre chose qui est importante pour moi quand il s'agit de mon jardin, c'est de m'assurer qu'il y a beaucoup de couleurs dans tout le jardin. Pour atteindre cet objectif, je cultive une grande variété de fleurs, notamment des **roses**, des lys, des marguerites, des tulipes, des impatiens, des soucis, etc. En plus d'ajouter de la couleur avec les fleurs, j'aime aussi ajouter de l'intérêt en utilisant différentes **textures** dans le jardin. Par exemple, je peux planter des fougères sous des tournesols imposants ou des hostas à **côté de** graminées ornementales hérissées.

Domande di comprensione

1. Dove si trova il giardino dell'autore?

2. Quanti polli ha l'autore?

3. Che cosa fa l'autore in giardino ogni giorno?

4. Perché all'autore piace il giardino?

5. Quali sono le erbe che l'autore pianta nel giardino?

6. Perché è importante per l'autore che ci siano molti colori nel suo giardino?

7. Come fa l'autore a dare varietà al suo giardino?

8. Come si sente l'autore quando lavora nel suo giardino?

9. Cosa fa sentire l'autore in sintonia quando è nel suo giardino?

10. Perché ogni giorno nel giardino dell'autore è un buon giorno?

Questions de compréhension

1. Où se trouve le jardin de l'auteur ?

2. Combien de poulets l'auteur possède-t-il ?

3. Que fait l'auteur dans le jardin tous les jours ?

4. Pourquoi l'auteur aime-t-il le jardin ?

5. Quelles herbes l'auteur plante-t-il dans le jardin ?

6. Pourquoi est-il important pour l'auteur qu'il y ait beaucoup de couleurs dans son jardin ?

7. Comment l'auteur apporte-t-il de la variété à son jardin?

8. Que ressent l'auteur lorsqu'il travaille dans son jardin?

9. Qu'est-ce qui fait que l'auteur se sent connecté quand il est dans son jardin ?

10. Pourquoi chaque jour dans le jardin de l'auteur est-il un bon jour ?

Fare shopping

Mi piace andare **a fare shopping al** centro commerciale. È sempre molto divertente passeggiare e guardare tutti i diversi negozi. Al centro commerciale ce n'è per tutti i gusti ed è sempre un ottimo posto per trovare offerte su vestiti, scarpe e accessori. **Di solito** inizio il mio shopping attraversando l'**ingresso** principale del centro commerciale. Da lì, mi dirigo prima verso i miei negozi preferiti. Dopo aver dato un'occhiata a quei negozi, vado in giro a vedere se ci sono saldi in corso in altri posti. Di solito trascorro un paio d'ore nel centro commerciale prima di fare i miei acquisti. Mi piace sempre prendermi il tempo necessario per fare shopping, **perché** voglio essere sicura di acquistare **esattamente** ciò che voglio. In più, così è più divertente!

Trovo sempre molto **affascinante** osservare le persone mentre sono al centro commerciale. Si può capire molto di una persona dal modo in cui fa acquisti. Alcune persone sono molto metodiche e si prendono il loro tempo, mentre altre sembrano prendere **tutto quello che** possono e dirigersi alla cassa il più velocemente possibile. Ci sono anche quelli che sembrano più interessati a parlare al cellulare o a mandare messaggi piuttosto che guardare la merce! A prescindere dal tipo

Faire du shopping

J'adore aller **faire du shopping** au centre commercial. C'est toujours très amusant de se promener et de regarder tous les différents magasins. Il y en a pour tous les goûts au centre commercial et c'est toujours l'endroit idéal pour faire des affaires sur les vêtements, les chaussures et les accessoires. Je commence **généralement** mon shopping en passant par l'**entrée** principale du centre commercial. De là, je me dirige d'abord vers mes magasins préférés. Après avoir fait le tour de ces magasins, je me promène pour voir s'il y a des soldes dans d'autres endroits. Je finis généralement par passer quelques heures dans le centre commercial avant de faire mes achats. J'aime toujours prendre mon temps lorsque je fais du shopping, **car** je veux être sûre d'obtenir **exactement** ce que je veux. En plus, c'est plus amusant comme ça !

Je trouve toujours **fascinant** d'observer les gens quand je suis au centre commercial. On peut vraiment en apprendre beaucoup sur une personne par sa façon de faire ses courses. Certaines personnes sont très méthodiques et prennent leur temps, tandis que d'autres semblent prendre **tout ce qu'**elles peuvent et se diriger vers la caisse aussi vite que possible. Il y a aussi les acheteurs qui semblent plus intéressés

di acquirente, però, sembra che a tutti piaccia guardare le vetrine, anche se non si compra nulla. C'è qualcosa che mi rende felice nel guardare tutte le belle cose nelle **vetrine** dei negozi. A volte fantastico su come sarebbe se potessi permettermi **tutto quello che** vedo! Tutto sommato, trascorrere una giornata di shopping al centro commerciale è uno dei miei passatempi preferiti. È un ottimo modo per rilassarsi e distendersi, facendo anche un po' di esercizio fisico (se si cammina abbastanza). Inoltre, è **sempre** bello concedersi una camicia o un paio di scarpe nuove ogni tanto!

Ho avuto una **lunga** giornata di lavoro e finalmente avevo un po' di tempo per me, così ho deciso di andare a fare shopping al centro commerciale. Mi servivano dei vestiti nuovi per la **prossima** stagione. Appena sono entrata, ho visto tutte le luci e le vetrine scintillanti. Mi sono diretta prima al mio negozio preferito e ho iniziato a sfogliare gli scaffali. Ho trovato alcuni top carini e li ho provati nel camerino. Mentre mi guardavo allo specchio, sentii qualcuno entrare nel **camerino** accanto al mio. Ho riconosciuto la sua voce come quella di una mia collega.

à parler au téléphone portable ou à envoyer des SMS qu'à regarder la marchandise ! Quel que soit le type d'acheteur, tout le monde semble apprécier le lèche-vitrine, même si vous n'achetez rien. Il y a quelque chose qui me rend heureuse dans le fait de regarder toutes ces jolies choses dans les **vitrines des magasins**. Parfois, je m'imagine comment ce serait si je pouvais m'offrir **tout ce que** je vois ! En fin de compte, passer une journée à faire du shopping au centre commercial est l'un de mes passe-temps favoris. C'est un excellent moyen de se détendre et de se relaxer tout en faisant un peu d'exercice (si vous marchez suffisamment). Et puis, c'est **toujours** agréable de s'offrir une nouvelle chemise ou une nouvelle paire de chaussures de temps en temps !

J'ai eu une **longue** journée de travail et j'ai enfin eu du temps pour moi, alors j'ai décidé d'aller faire du shopping au centre commercial. J'avais besoin de nouveaux vêtements pour la saison **à venir**. Dès que je suis entrée, j'ai vu toutes les lumières vives et les façades brillantes des magasins. Je me suis dirigée vers mon magasin préféré en premier et j'ai commencé à parcourir les rayons. J'ai trouvé quelques jolis hauts et les ai essayés dans la cabine d'essayage. Alors que je me regardais dans le miroir, j'ai entendu quelqu'un entrer dans la cabine d'**essayage** à côté de la mienne. J'ai reconnu sa voix comme étant celle d'un de mes collègues de travail.

Domande di comprensione

1. Dove vi piace di più conservare?

2. Qual è il vostro negozio preferito nel centro commerciale?

3. Quanto tempo si ferma di solito al centro commerciale?

4. Cosa pensa delle persone che trascorrono molto tempo al centro commerciale?

5. Qual è la cosa che preferite fare al centro commerciale?

6. Avete mai comprato qualcosa al centro commerciale quando non ne avevate davvero bisogno?

7. Come reagite quando al centro commerciale vedete qualcosa che vi piacerebbe molto, ma che costa troppo?

8. Avete mai visto qualcosa al centro commerciale e vi siete chiesti chi lo avrebbe comprato?

9. Qual è la sua opinione sulle persone che al centro commerciale sono impegnate con il cellulare invece di guardare i negozi?

Questions de compréhension

1. Où aimez-vous le plus stocker ?

2. Quel est votre magasin préféré dans le centre commercial ?

3. Combien de temps restez-vous habituellement au centre commercial ?

4. Que pensez-vous des personnes qui passent beaucoup de temps au centre commercial ?

5. Quelle est votre activité préférée au centre commercial ?

6. Avez-vous déjà acheté quelque chose au centre commercial alors que vous n'en aviez pas vraiment besoin ?

7. Comment réagissez-vous lorsque vous voyez au centre commercial un article que vous aimeriez vraiment, mais qui est trop cher ?

8. Avez-vous déjà vu quelque chose au centre commercial en vous demandant qui l'achèterait ?

9. Que pensez-vous des personnes qui sont occupées avec leur téléphone portable dans les centres commerciaux au lieu de regarder les magasins ?

Al mercato

Mi sveglio presto il sabato mattina, desiderosa di andare al **mercato** prima che sia troppo affollato. Mi infilo i vestiti e mi avvio verso la porta, prendendo le mie borse riutilizzabili. Mentre cammino, inizio a pianificare quello che voglio fare per la settimana a venire. So che voglio **arrostire le** verdure almeno una volta, quindi dovrò comprare delle verdure di buona qualità. Voglio anche fare una zuppa o uno stufato, quindi dovrò comprare anche della carne. Dovrò vedere cosa c'è di buono quando arriverò lì. Il mercato è a pochi isolati di distanza e vedo già le bancarelle allestite e la **gente** che vi si aggira.

Arrivo al mercato e mi dirigo subito verso il banco delle verdure. La scelta è bellissima e riempio le mie borse con una grande varietà di prodotti **freschi**. Parlo un po' con il contadino e mi consiglia alcune ricette. Non vedo l'ora di provarle. Mentre faccio la spesa, chiacchiero con i **contadini** per conoscere meglio loro e i loro prodotti. Dopo aver preso tutte le verdure che mi servono, passo al reparto carne. Qui sono un po' più titubante, perché non sono sicuro di quello che voglio prendere. Alla fine scelgo il pollo, perché è versatile e può essere utilizzato in diversi piatti. Compro anche alcuni tagli di carne diversi, assicurandomi di prendere carne di manzo nutrita con erba e **pollo** allevato

Au marché

Je me réveille tôt le samedi matin, impatiente de me rendre au **marché** avant qu'il ne soit trop fréquenté. Je m'habille et je sors, en prenant mes sacs réutilisables en chemin. En marchant, je commence à planifier ce que je veux faire pour la semaine à venir. Je sais que je veux faire **rôtir des** légumes au moins une fois, donc je vais devoir acheter des légumes de bonne qualité. Je veux aussi faire une soupe ou un ragoût, et je vais donc devoir acheter de la viande. Je verrai bien ce qui me semble bon quand je serai sur place. Le marché n'est qu'à quelques rues d'ici, et je vois déjà les étals installés et les **gens qui** s'agitent.

J'arrive au marché et me dirige directement vers le stand des légumes. La sélection est magnifique, et je remplis mes sacs d'une variété de produits **frais**. Je discute un peu avec le fermier et il me recommande quelques recettes. J'ai hâte de les essayer. Je discute avec les **agriculteurs** pendant que je fais mes courses, pour apprendre à les connaître et à connaître leurs produits. Après avoir acheté tous les légumes dont j'ai besoin, je passe à la section des viandes. Je suis un peu plus hésitante, car je ne suis pas sûre de ce que je veux acheter. J'opte finalement pour du poulet, car il est polyvalent et peut être utilisé dans de nombreux plats. J'achète également quelques morceaux de

all'aperto. Il macellaio era un uomo cordiale, sempre allegro nonostante le lunghe ore di lavoro. Mi ha incartato i petti di pollo e la bistecca prima di parlarmi dei suoi programmi per il fine settimana. Lo salutai e proseguii per la mia strada. Ho preso anche delle uova e del formaggio dal reparto latticini.

Il mercato era pieno di gente, tutti desiderosi di mettere le **mani sui** prodotti freschi e sulla carne che venivano offerti. Nell'aria si sentiva l'odore dell'aglio e delle cipolle, e il suono delle risate e delle conversazioni riempiva l'aria. Mi feci strada tra la folla, scegliendo gli altri articoli necessari per la mia spesa settimanale. Riempii il mio **cestino** di frutta e verdura, pasta e pane, prima di dirigermi alla cassa. La fila era lunga, ma si snodava rapidamente. Finalmente gli ultimi acquisti furono fatti ed era ora di tornare a casa. La macchina è stata caricata e il viaggio verso casa è stato lungo e noioso. Il traffico era intenso e il caldo opprimente. Alla fine l'auto entrò nel vialetto e il sollievo fu palpabile. La casa era fresca e silenziosa ed era un rifugio dopo il **trambusto** del mercato. Tutto fu messo a posto e la casa tornò presto alla sua solita pace e tranquillità. Avevo tutto il necessario per preparare dei piatti **deliziosi** per me e per la mia famiglia. Era bello essere a casa.

viande différents, en veillant à prendre du bœuf nourri à l'herbe et du **poulet** élevé en plein air. Le boucher est un homme sympathique, toujours de bonne humeur malgré ses longues heures de travail. Il a emballé mes blancs de poulet et mon steak avant de me parler de ses projets pour le week-end. Je lui ai dit au revoir et j'ai continué mon chemin. J'ai également acheté des œufs et du fromage au rayon produits laitiers.

Le marché grouille de gens, tous impatients de mettre la **main sur les** produits frais et la viande proposés. L'odeur de l'ail et des oignons flottait dans l'air, et le son des rires et des conversations était omniprésent. Je me suis frayé un chemin dans la foule, en choisissant les autres articles dont j'avais besoin pour mes courses de la semaine. J'ai rempli mon **panier** de fruits et légumes, de pâtes et de pain, avant de me diriger vers la caisse. La file d'attente est longue, mais elle avance rapidement. Enfin, j'ai acheté les dernières **provisions et il est** temps de rentrer à la maison. La voiture est chargée, et le chemin du retour est long et fastidieux. La circulation est dense et la chaleur est accablante. Enfin, la voiture se gare dans l'allée et le soulagement est palpable. La maison était fraîche et calme, et c'était un havre de paix après l'**agitation** du marché. Tout a été rangé, et la maison a rapidement retrouvé sa tranquillité habituelle. J'avais tout ce dont j'avais besoin pour préparer de **délicieux** repas pour moi et pour ma famille. C'était bon d'être chez soi.

Domande di comprensione

1. Dove sta andando la persona?

2. Cosa vuole comprare la persona?

3. Quante borse ha la persona?

4. Quanto è lontano il mercato?

5. Cosa sta facendo la persona in questo momento?

6. Che cos'è il mercato?

7. Quante persone ci sono nel mercato?

8. Quanto tempo ha impiegato la persona per comprare tutto?

9. Come è tornata a casa la persona?

10. Cosa ha fatto la persona quando è tornata a casa?

Questions de compréhension

1. Où va la personne ?

2. Que veut acheter la personne ?

3. Combien de sacs la personne possède-t-elle ?

4. A quelle distance se trouve le marché ?

5. Que fait la personne en ce moment ?

6. Que se passe-t-il sur le marché ?

7. Combien y a-t-il de personnes sur le marché ?

8. Combien de temps a-t-il fallu à la personne pour tout acheter ?

9. Comment la personne est-elle rentrée chez elle ?

10. Qu'a fait la personne en rentrant chez elle ?

In un caffè

Era una fredda mattina **d'autunno** e avevo fissato
un appuntamento con la mia amica Lily al nostro
bar preferito per un caffè. Mi avvolsi al caldo nel
mio cappotto e nella sciarpa e mi avviai. Le foglie
cadevano dagli alberi e l'aria era pungente, ma il sole
splendeva e prometteva di essere una bella giornata.
Mentre camminavo, **pensavo** a quanto fosse bello
avere un'amica come Lily. Eravamo amiche da anni,
da quando ci eravamo conosciute all'**università**.
Avevamo legato per il nostro amore per il caffè e per
il tempo trascorso a chiacchierare nei bar. Anche se
ora vivevamo in zone diverse della città, riuscivamo
comunque a vederci per un caffè una volta alla
settimana. Arrivai al caffè e Lily era già lì ad aspettarmi.
Ci salutammo con un abbraccio e poi ordinammo i
nostri caffè. Trovammo un tavolo vicino alla finestra
e ci sedemmo a chiacchierare. Il **caffè** era delizioso,
come sempre, ed è stato così bello recuperare il tempo
perduto con Lily. Parlammo della nostra settimana,
dei nostri lavori e dei nostri progetti per il futuro. Era
sempre così facile parlare con Lily e mi sembrava di
poterle dire tutto. Dopo un po' cominciammo ad avere
fame e **decidemmo** di ordinare qualcosa da mangiare.

Ordinammo il cibo e trovammo posto vicino alla

Dans un café

C'était un matin d'**automne** frisquet, et j'avais
donné rendez-vous à mon amie Lily dans notre café
préféré pour prendre un café. Je me suis enveloppée
chaudement dans mon manteau et mon écharpe et
je suis partie. Les feuilles tombaient des arbres et
l'air était glacial, mais le soleil brillait et la journée
promettait d'être magnifique. Tout en marchant, j'ai
pensé à quel point c'était bien d'avoir une amie comme
Lily. Nous étions amies depuis des années, depuis
notre rencontre à l'**université**. Nous nous sommes
liées par notre amour du café et du temps passé à
discuter dans les cafés. Même si nous vivions dans des
quartiers différents de la ville, nous nous retrouvions
pour prendre un café une fois par semaine. Je suis
arrivé au café, et Lily était déjà là, à m'attendre. Nous
nous sommes embrassées et avons commandé nos
cafés. Nous avons trouvé une table près de la fenêtre
et nous nous sommes installées pour discuter. Le **café**
était délicieux, comme toujours, et c'était si agréable
de rattraper le temps perdu avec Lily. Nous avons parlé
de notre semaine, de nos emplois et de nos projets
pour l'avenir. C'était toujours si facile de parler à Lily, et
j'avais l'impression que je pouvais tout lui dire. Après un
moment, nous avons commencé à avoir faim et **avons
décidé** de commander de la nourriture.

finestra. Il sole entrava dalla finestra, rendendo tutto più caldo e felice. Chiacchierammo mentre mangiavamo, godendoci il semplice piacere di stare in **compagnia**. Il caffè era affollato, ma non sembrava affollato. C'era una sensazione di pace e soddisfazione nell'aria. Finito il cibo, ci sedemmo ancora per un po', godendoci l'**atmosfera** tranquilla. Abbiamo parlato per un po' di cose diverse che stavano accadendo nelle nostre vite. È stato così bello recuperare il tempo perduto con la mia amica e **rilassarsi**. Il sole splendeva attraverso la finestra e sembrava che **nulla** potesse rovinare la nostra giornata perfetta.

All'improvviso sentii un forte schianto. Mi girai e vidi che un uomo era caduto dal soffitto e giaceva sul pavimento di fronte a noi. Era **coperto** di polvere e detriti e sembrava privo di sensi. Io e il mio amico eravamo entrambi sotto shock mentre fissavamo l'uomo steso sul pavimento. Non sapevamo cosa fare o chi chiamare aiuto. Rimanemmo lì a fissarlo, senza sapere cosa fare. Dopo qualche minuto mi sono ripreso e ho chiamato il 911. L'operatore mi disse che qualcuno sarebbe arrivato presto. Riattaccai il telefono e raccontai al mio amico quello che mi aveva detto l'**operatore**.

Nous avons **commandé notre** nourriture et trouvé un siège près de la fenêtre. Le soleil brillait à travers la fenêtre, rendant le tout chaleureux et joyeux. Nous avons bavardé en mangeant, appréciant le simple plaisir d'être en **compagnie de l'autre**. Le café était occupé, mais il n'y avait pas de foule. Il y avait un sentiment de paix et de satisfaction dans l'air. Après avoir terminé notre repas, nous sommes restés assis un moment de plus, profitant de l'**atmosphère** paisible. Nous avons parlé pendant un moment de différentes choses qui avaient eu lieu dans nos vies. C'était si agréable de rattraper le temps perdu avec mon ami et de **se détendre**. Le soleil brillait à travers la fenêtre, et c'était comme si **rien ne** pouvait gâcher notre journée parfaite.

Soudain, j'ai entendu un grand fracas. Je me suis retourné pour voir qu'un homme avait traversé le plafond et gisait sur le sol devant nous. Il était **couvert** de poussière et de débris et semblait être inconscient. Mon ami et moi étions tous deux sous le choc en regardant l'homme allongé sur le sol. Nous ne savions pas quoi faire ni qui appeler à l'aide. Nous sommes restés assis là, à le regarder, sans savoir quoi faire. Après quelques minutes, je me suis ressaisie et j'ai appelé le 911. L'opérateur m'a dit que quelqu'un arriverait bientôt. J'ai raccroché le téléphone et j'ai raconté à mon ami ce que l'**opérateur avait** dit.

Domande di comprensione

1. Da dove viene l'uomo che cade dal tetto?

2. Perché la donna è con la sua amica nel caffè?

3. Qual è il caffè preferito dai due amici?

4. Da quanto tempo i due amici si conoscono?

5. Qual è la bevanda preferita dai due amici?

6. In quale città vivono i due amici?

7. Quanto spesso si incontrano i due amici?

8. Di cosa parlano i due amici quando si incontrano per la prima volta nel loro caffè preferito?

9. Qual è il cibo preferito dai due amici?

10. Perché è così facile parlare con Lily?

Questions de compréhension

1. D'où vient l'homme qui tombe à travers le toit ?

2. Pourquoi la femme est-elle avec son ami dans le café ?

3. Quel est le café préféré des deux amis ?

4. Depuis combien de temps les deux amis se connaissent-ils ?

5. Quelle est la boisson préférée des deux amis ?

6. Dans quelle ville vivent les deux amis ?

7. Combien de fois les deux amis se rencontrent-ils ?

8. De quoi parlent les deux amis lorsqu'ils se rencontrent pour la première fois dans leur café préféré ?

9. Quel est le plat préféré des deux amis ?

10. Pourquoi c'est si facile de parler à Lily ?

Andare a nuotare

La piscina era sempre un luogo **rinfrescante** e oggi non era diverso. Il sole splendeva e l'acqua sembrava invitante. Feci un respiro profondo e mi tuffai, sentendo il fresco abbraccio dell'acqua. Nuotai per un po', godendomi l'esercizio e la possibilità di schiarirmi le idee. Dopo un po' uscii e mi asciugai, poi mi sedetti su un asciugamano per rilassarmi al sole. Chiusi gli occhi e lasciai che il **calore** mi avvolgesse, sentendo i miei muscoli iniziare a rilassarsi. All'improvviso sentii uno spruzzo e aprii gli occhi per vedere la mia sorellina **che sguazzava** nel basso fondale. Sorrisi e la osservai per un po', poi mi alzai e mi avvicinai a lei. Chiacchierammo per un po' e pagaiarono insieme, godendo della reciproca compagnia. Presto i nostri genitori ci raggiunsero e passammo il resto del pomeriggio nuotando e giocando insieme. Era sempre così bello passare del tempo con la famiglia in piscina. C'è **qualcosa** nello stare in acqua che sembra unire le persone. Forse perché quando siamo in acqua siamo tutti uguali, non possiamo nascondere i nostri difetti o fingere di essere ciò che non siamo. O forse è solo perché è divertente! **Qualunque sia** la ragione, mi ha fatto piacere che ci siamo riuniti tutti insieme e che ci siamo goduti la reciproca compagnia in un luogo così speciale.

Aller nager

La piscine était toujours un endroit **rafraîchissant**, et aujourd'hui n'était pas différent. Le soleil brillait et l'eau semblait invitante. J'ai pris une profonde inspiration et j'ai plongé, sentant l'étreinte fraîche de l'eau. J'ai fait des longueurs pendant un moment, appréciant l'exercice et la possibilité de me vider la tête. Au bout d'un moment, je suis sorti et me suis séché, puis je me suis assis sur une serviette pour me détendre au soleil. J'ai fermé les yeux et laissé la **chaleur** m'envahir, sentant mes muscles se détendre. Soudain, j'ai entendu une éclaboussure et j'ai ouvert les yeux pour voir ma petite sœur **pagayer dans la** partie peu profonde. J'ai souri et je l'ai regardée pendant un moment, puis je me suis levée et je suis allée vers elle. Nous avons bavardé un peu et pataugé ensemble, appréciant la compagnie de l'autre. Nos parents nous ont bientôt rejoints et nous avons passé le reste de l'après-midi à nager et à jouer ensemble. C'était toujours très agréable de passer du temps avec la famille à la piscine. Il y a **quelque chose** dans le fait d'être dans l'eau qui semble rassembler les gens. Peut-être est-ce parce que nous sommes tous égaux lorsque nous sommes dans l'eau - nous ne pouvons pas cacher nos défauts ou prétendre être ce que nous ne sommes pas. Ou peut-être est-ce simplement parce que c'est amusant ! **Quelle que soit la** raison, j'étais simplement heureuse que nous

Il sole batteva sulla mia pelle e l'odore di cloro era nell'aria. Sentivo il rumore dei bambini che ridevano e sguazzavano nella piscina. Ero sdraiata su una sedia a **sdraio** accanto alla piscina, a prendere il sole e a **godermi la** giornata. Avevo gli occhi chiusi e stavo per addormentarmi quando sentii qualcuno avvicinarsi a me. Aprii gli occhi e vidi una donna in piedi accanto a me. Indossava un bikini e aveva un asciugamano avvolto intorno alla vita. Aveva lunghi capelli biondi e occhi azzurri. Aveva in mano un flacone di **crema solare**. "Ti dispiace se ti metto un po' di crema solare sulla schiena?", mi chiese. "No, va bene", risposi, sedendomi in modo che potesse raggiungermi la schiena. Sentii le sue mani sulla mia pelle mentre applicava la crema solare.

Il suo tocco era delicato e il profumo della crema solare era rilassante. Chiusi di nuovo gli occhi e mi rilassai. Sentivo il **rumore** dei suoi movimenti, ma non aprii gli occhi. Mi accontentai di stare sdraiato al sole, ascoltando il rumore delle onde **che si infrangevano** sulla riva. Dopo qualche minuto si allontanò e io aprii gli occhi. La guardai mentre tornava alla sua poltrona e prendeva il suo libro.

puissions tous nous réunir et profiter de la compagnie des autres dans un endroit aussi spécial.

Le soleil tapait sur ma peau et l'odeur du chlore flottait dans l'air. J'entendais le bruit des enfants qui riaient et barbotaient dans la piscine. J'étais allongée sur une chaise **longue près de la** piscine, profitant du soleil et **de la** journée. J'avais les yeux fermés et j'étais sur le point de m'endormir lorsque j'ai entendu quelqu'un s'approcher de moi. J'ai ouvert les yeux et j'ai vu une femme debout à côté de moi. Elle portait un bikini et avait une serviette enroulée autour de sa taille. Elle avait de longs cheveux blonds et des yeux bleus. Elle tenait une bouteille de **crème solaire** dans sa main. "Ça te dérange si je mets de la crème solaire sur ton dos ?" a-t-elle demandé. "Non, ça va", ai-je répondu, en me redressant pour qu'elle puisse atteindre mon dos. J'ai senti ses mains sur ma peau alors qu'elle appliquait la crème solaire.

Son toucher était doux et l'odeur de la crème solaire était apaisante. J'ai fermé les yeux à nouveau et me suis laissé aller à la détente. Je pouvais entendre le **bruit** de ses mouvements, mais je n'ai pas ouvert les yeux. Je me contentais de rester allongé au soleil, en écoutant le bruit des vagues qui **s'écrasaient** sur le rivage. Après quelques minutes, elle s'est éloignée, et j'ai ouvert les yeux. Je l'ai regardée retourner vers sa chaise longue et prendre son livre.

Domande di comprensione

1. Dove si trovava il narratore quando ha iniziato la storia?

2. Che odore sente il narratore quando apre gli occhi?

3. Cosa sente il narratore quando apre gli occhi?

4. Di chi è la crema solare che la donna dà al narratore?

5. Che cosa sogna il narratore?

6. Perché il bagno in mare è così speciale per il narratore?

7. Come si sente l'acqua in cui nuota il narratore?

8. Cosa vede il narratore quando esce dall'acqua?

9. Cosa fa la donna dopo aver messo la crema solare al narratore?

10. Di che cosa parlano il narratore e la donna alla fine della storia?

Questions de compréhension

1. Où se trouvait le narrateur lorsqu'il a commencé l'histoire ?

2. Que sent le narrateur lorsqu'il ouvre les yeux ?

3. Qu'entend le narrateur lorsqu'il ouvre les yeux ?

4. A qui la femme donne-t-elle de la crème solaire au narrateur ?

5. De quoi le narrateur rêve-t-il ?

6. Pourquoi la baignade dans la mer est-elle si spéciale pour le narrateur ?

7. quelle est la sensation de l'eau dans laquelle nage le narrateur ?

8. Que voit le narrateur quand il sort de l'eau ?

9. Que fait la femme après avoir mis la crème solaire sur le narrateur ?

10. De quoi le narrateur et la femme parlent-ils à la fin de l'histoire ?

Tagliare il prato

Sono le 10 del mattino di un **sabato** estivo e il sole picchia già senza pietà. Si va in garage a prendere il tosaerba, con la sensazione di essere **condannati** ai lavori forzati. Iniziate a tagliare il prato, facendo attenzione ad andare piano per non perdere nessun punto. Mentre si taglia, si pensa a quanto sia bello stare all'aria aperta. Mentre iniziate a spingere il tosaerba avanti e indietro sul prato, con la coda dell'**occhio** vedete il vostro vicino. Lo salutate con la mano e lui ricambia.

Dopo qualche minuto, avete finito e vi recate a casa del vostro vicino per bere una birra con lui nel giardino davanti a casa. È una giornata **perfetta**: non fa troppo caldo e soffia una leggera brezza. Ci si siede all'ombra dell'albero, sorseggiando la birra e chiacchierando con il vicino. Sono giornate come questa che fanno apprezzare l'estate. Poi si **entra** in casa per una meritata birra. Ci si sdraia su una sedia del portico e si apre la lattina, tirando un sospiro soddisfatto. Il rumore del tosaerba passa in secondo piano mentre vi rilassate all'ombra, godendovi la **tranquillità del** momento. La birra ha un sapore ancora più buono dopo tutto quel duro lavoro al caldo. Stavo per rientrare in casa quando sentii un rumore nella stanza accanto.

Tonte de la pelouse

Il est 10 heures du matin, un **samedi d'**été, et le soleil tape déjà sans pitié. Vous vous frayez un chemin jusqu'au garage pour aller chercher la tondeuse à gazon, avec l'impression d'être **condamné** aux travaux forcés. Vous commencez à tondre la pelouse, en veillant à aller doucement pour ne pas manquer d'endroits. Pendant que vous tondez, vous pensez à tout le bien que cela fait d'être dehors à l'air frais. Alors que vous commencez à pousser la tondeuse d'avant en arrière sur la pelouse, vous apercevez votre voisin du coin de l'**œil**. Vous lui faites signe et lui dites bonjour, et il vous répond.

Après quelques minutes, vous avez terminé, et vous vous rendez chez votre voisin pour prendre une bière avec lui dans le jardin de devant. C'est une journée **parfaite**, il ne fait pas trop chaud et une légère brise souffle. Vous êtes assis à l'ombre de l'arbre, sirotant votre bière et discutant avec votre voisin. Ce sont des jours comme celui-ci qui vous font apprécier l'été. Puis vous rentrez à l'intérieur pour prendre une bière bien méritée. Vous vous installez sur une chaise sous le porche et ouvrez la canette, en poussant un soupir de satisfaction. Le bruit de la tondeuse s'estompe et vous vous détendez à l'ombre, profitant de la **tranquillité**

Sembrava che qualcuno stesse piangendo. Smisi di falciare e mi avvicinai alla recinzione che separava i nostri cortili. Mi affacciai e vidi la mia vicina, la signora Johnson, che piangeva sul dondolo del suo portico. La chiamai, ma non mi sentì. Scavalcai la recinzione e mi avvicinai a lei. "Signora Johnson, sta bene?". Le chiesi. Lei mi guardò con le lacrime agli occhi e scosse la testa. "No, non sto bene", disse. "Ieri è morto il mio gatto". Ero scioccato. Non sapevo cosa dire. Rimasi lì impacciato, senza sapere cosa fare. Alla fine le misi una mano sulla **spalla** e dissi: "Mi dispiace molto, signora Johnson. Se posso fare qualcosa per aiutarla, me lo faccia sapere". "Lei scosse la testa e disse: "No, nessuno può fare **niente**". Poi si alzò ed entrò in casa sua. Rimasi lì per un momento, senza sapere cosa fare. Poi tornai a tagliare il prato. Mentre finivo, non potei fare a meno di pensare alla signora Johnson e al suo gatto.

du moment. La bière a un goût extra bon après tout ce dur travail dans la chaleur. J'étais sur le point de rentrer quand j'ai entendu un bruit à côté.

On aurait dit que quelqu'un pleurait. J'ai arrêté de tondre et j'ai marché jusqu'à la clôture qui séparait nos jardins. J'ai jeté un coup d'œil par-dessus et j'ai vu ma voisine, Mme Johnson, pleurer sur sa balançoire sous le porche. Je l'ai appelée, mais elle ne m'a pas entendue. J'ai escaladé la clôture et j'ai marché jusqu'à elle. "Mme Johnson, vous allez bien ?" J'ai demandé. Elle a levé les yeux vers moi, les larmes aux yeux, et a secoué la tête. "Non, je ne vais pas bien", a-t-elle dit. "Mon chat est mort hier." J'étais choquée. Je n'ai pas su quoi dire. Je suis restée là, maladroitement, sans savoir quoi faire. Finalement, j'ai posé ma main sur son **épaule** et j'ai dit : "Je suis vraiment désolée, Mme Johnson. Si je peux faire quelque chose pour vous aider, faites-le moi savoir". "Elle a secoué la tête et a dit : "Non, il **n'y a rien que** personne ne puisse faire". Puis elle s'est levée et est entrée dans sa maison. Je suis resté là un moment, ne sachant pas quoi faire. Puis je suis retourné tondre ma pelouse. En terminant, je n'ai pu m'empêcher de penser à Mme Johnson et à son chat.

Domande di comprensione

1. Che ora è?

2. Dove si trova la persona che sta falciando?

3. Come si sente la persona?

4. Perché la persona deve falciare lentamente?

5. Che tempo fa?

6. Cosa fa la persona dopo la falciatura?

7. Cosa sente la persona prima di tornare a casa?

8. Chi è con la signora Johnson?

9. Perché la signora Johnson piange?

10. Cosa dice la persona alla signora Johnson?

Questions de compréhension

1. Quelle heure est-il ?

2. Où se trouve la personne qui tond ?

3. Comment la personne se sent-elle ?

4. Pourquoi la personne doit-elle tondre lentement ?

5. Quel est le temps qu'il fait ?

6. Que fait la personne après avoir fauché ?

7. Qu'entend la personne avant de rentrer chez elle ?

8. Qui est avec Mme Johnson ?

9. Pourquoi Mme Johnson pleure-t-elle ?

10. Que dit la personne à Mme Johnson ?

Tagliarsi i capelli

Erano settimane che volevo tagliarmi i capelli, ma in qualche modo riuscivo sempre a rimandare. Ma con il **Natale** alle porte, sapevo che non potevo più rimandare. Non volevo presentarmi alla cena di Natale della mia famiglia con un aspetto trasandato. Così, la mattina presto di Natale, mi sono recata al salone. Anche se era presto, il salone era già pieno di gente che **si faceva** fare i capelli per le feste. Presi posto nella fila e aspettai il mio turno. Finalmente arrivò il mio turno sulla poltrona. La parrucchiera, una donna gentile di nome Jill, mi chiese cosa volessi. "Solo una spuntatina, niente di troppo drastico", risposi. Jill si mise al lavoro, tagliando i miei capelli. Mentre lavorava, cominciai a rilassarmi. Mi sentivo bene a prendermi finalmente cura di me stessa. Ultimamente ero stata così occupata a correre in giro per prendermi cura di tutti gli altri, che avevo lasciato cadere in secondo piano i miei bisogni. Ma **ora** non **più**. D'ora in poi avrei trovato il tempo per me stessa.

Quando Jill ha finito, mi sono guardata allo specchio e sono rimasta soddisfatta di ciò che ho visto. I miei capelli avevano un aspetto ordinato e curato, perfetto per le feste. **Ringraziai** Jill e presi **nota** di tornare

Se faire couper les cheveux

Cela faisait des semaines que je voulais me faire couper les cheveux, mais j'arrivais toujours à remettre ça à plus tard. Mais à l'approche de **Noël, je** savais que je ne pouvais plus attendre. Je ne voulais pas me présenter au dîner de Noël de ma famille avec une coiffure débraillée. Alors, tôt le matin de Noël, je me suis rendue au salon. Même s'il était tôt, le salon était déjà occupé par d'autres personnes qui **se faisaient** coiffer pour les fêtes. J'ai pris ma place dans la file d'attente et j'ai attendu mon tour. Enfin, c'était mon tour sur la chaise. La styliste, une femme sympathique nommée Jill, m'a demandé ce que je voulais. "Juste une coupe, rien de trop radical", ai-je répondu. Jill s'est mise au travail, coupant mes cheveux. Pendant qu'elle travaillait, j'ai commencé à me détendre. C'était bon de prendre enfin soin de moi. J'avais été tellement occupé ces derniers temps, à courir partout pour m'occuper de tout le monde, que j'avais laissé mes propres besoins de côté. Mais plus **maintenant**. A partir de maintenant, j'allais prendre du temps pour moi.

Lorsque Jill a terminé, je me suis regardée dans le miroir et j'étais ravie de ce que je voyais. Mes cheveux étaient soignés et polis, parfaits pour les fêtes de fin d'année. J'ai **remercié** Jill et j'ai noté **mentalement** de

più spesso. D'ora in poi mi prenderò cura di me stessa prima di tutto. Si mise al lavoro per tagliare i miei capelli. Pensai a quanto fossi grata di essermi finalmente decisa a tagliarmi i capelli. Era bello sapere che sarei stata presentabile per la **cena** di Natale. Non avrei più dovuto preoccuparmi che la mia famiglia mi prendesse in giro per il mio aspetto "trasandato". Dopo qualche minuto, la parrucchiera finì di tagliarmi i capelli e mi diede una rapida asciugata. Mi guardai allo specchio e fui felice di ciò che vedevo: un look pulito che sarebbe stato perfetto per la cena di Natale. Ora che il taglio di capelli era stato superato, potevo concentrarmi sulle vacanze con la mia famiglia. Ed ero ancora più grata per questo.

Mi sentivo così **libera** e adoravo l'aspetto del mio nuovo taglio di capelli. Dopo aver pagato il taglio, sono tornata a casa e ho iniziato a fare i bagagli per il mio viaggio. **Non** vedevo l'ora di mostrare il mio nuovo look alla mia famiglia e ai miei amici. Sapevo che sarebbero rimasti sorpresi quando mi avrebbero visto. Il giorno del volo sono arrivata all'aeroporto con molto tempo a disposizione. Ho passato i controlli di sicurezza senza problemi e presto sono partita. Non appena arrivai a destinazione, sentii l'eccitazione nell'aria. Il Natale era decisamente nell'aria! La mia famiglia era lì ad accogliermi all'aeroporto ed erano tutti stupiti del mio nuovo taglio di capelli.

revenir plus souvent. À partir de maintenant, je prendrai soin de moi d'abord et avant tout. Elle s'est mise au travail en coupant mes cheveux. J'ai pensé à combien j'étais reconnaissante d'avoir enfin pris le temps de me faire couper les cheveux. Je me sentais bien de savoir que j'allais être présentable pour le **repas de** Noël. Je n'aurais plus à m'inquiéter des taquineries de ma famille sur mon apparence "débraillée". Après quelques minutes, le coiffeur a fini de me couper les cheveux et m'a fait un rapide brushing. Je me suis regardé dans le miroir et j'étais heureux de ce que je voyais - un look propre qui serait parfait pour le dîner de Noël. Maintenant que ma coupe de cheveux était terminée, je pouvais me concentrer sur les vacances avec ma famille. Et j'en étais encore plus reconnaissante.

Je me suis sentie tellement **libérée** et j'ai adoré le look de ma nouvelle coupe de cheveux. Après avoir payé ma coupe, je suis rentrée chez moi et j'ai commencé à faire mes bagages pour mon voyage. J'**avais hâte** de montrer mon nouveau look à ma famille et à mes amis. Je savais qu'ils seraient surpris en me voyant. Le jour de mon vol, je suis arrivée à l'aéroport avec beaucoup de temps devant moi. J'ai passé le contrôle de sécurité sans problème et j'ai rapidement pris la route. Dès que je suis arrivé à destination, j'ai senti l'excitation dans l'air. Il y avait vraiment de l'air pour Noël ! Ma famille était là pour m'accueillir à l'aéroport, et ils étaient tous étonnés de ma nouvelle coupe de cheveux.

Domande di comprensione

1. Che cosa doveva fare il protagonista prima di Natale?

2. Come si è sentita la protagonista nel prendersi cura di sé?

3. Chi ha tagliato i capelli al protagonista?

4. Perché la famiglia della protagonista la prendeva in giro?

5. Come si è sentita la protagonista dopo essersi tagliata i capelli?

6. Che cosa ha fatto la protagonista dopo essersi tagliata i capelli?

7. Qual è stata la reazione della famiglia della protagonista al suo taglio di capelli?

8. Che cosa ha fatto il protagonista la vigilia di Natale?

9. Cosa ha reso più speciale l'esperienza del protagonista?

10. Cosa succederebbe se il protagonista non si tagliasse i capelli?

Questions de compréhension

1. Que devait faire le protagoniste avant Noël ?

2. Que pense la protagoniste du fait de prendre soin d'elle ?

3. Qui a taillé les cheveux du protagoniste ?

4. Pourquoi la famille de la protagoniste allait-elle se moquer d'elle ?

5. Qu'a ressenti la protagoniste après s'être fait couper les cheveux ?

6. Qu'a fait la protagoniste après s'être fait couper les cheveux ?

7. Quelle a été la réaction de la famille de la protagoniste à sa coupe de cheveux ?

8. Qu'a fait le protagoniste la veille de Noël ?

9. Qu'est-ce qui a rendu l'expérience du protagoniste plus spéciale ?

10. Que se passerait-il si le protagoniste ne se faisait pas couper les cheveux ?

Il parco

Il sole stava tramontando e il parco era vuoto. Mi sedetti sulla panchina ad aspettare la mia **amica**. Avevamo programmato di incontrarci qui un'ora fa, ma lei era sempre in ritardo. Proprio quando stavo per arrendermi e tornare a casa, la vidi correre verso di me.
"Mi dispiace tanto", ansimò quando raggiunse la panchina. "Il mio treno è **in ritardo**".
"Non c'è problema", dissi **con indulgenza**. "Sono appena arrivato anch'io".
Ci siamo seduti e abbiamo chiacchierato per un po', aggiornandoci sulle nostre vite dall'ultima volta che ci siamo visti. La conversazione è fluita **facilmente** e ci è sembrato che non fosse passato affatto del tempo dall'ultima volta che ci siamo visti. Al tramonto ci siamo salutati e abbiamo preso strade diverse. La volta successiva ci incontrammo in un altro parco. Anche in questo caso era in ritardo, ma non mi dispiaceva. Era bello avere qualcuno con cui parlare che mi **capisse**. Parlammo dei nostri sogni e delle nostre **aspirazioni**, delle cose che volevamo fare nella nostra vita. Lei mi parlò dei suoi progetti di viaggiare per il mondo e io le confidai il mio sogno di diventare scrittrice. Al tramonto di un altro giorno, ci siamo salutate ancora una volta, promettendo di tenerci in contatto questa volta.

Le parc

Le soleil se couchait, et le parc était vide. Je me suis assise sur un banc, attendant mon **amie**. Nous avions prévu de nous retrouver ici il y a une heure, mais elle était toujours en retard. Au moment où j'allais abandonner et rentrer chez moi, je l'ai vue courir vers moi. "Je suis vraiment désolée", a-t-elle haleté en atteignant le banc. "Mon train a été **retardé**." "C'est bon", ai-je dit **avec indulgence**. "Je viens juste d'arriver." Nous nous sommes assis et avons bavardé pendant un certain temps, prenant des nouvelles de la vie de chacun depuis notre dernière rencontre. La conversation était fluide **et nous avions** l'impression que le temps n'avait pas passé depuis notre dernière rencontre. Au coucher du soleil, nous nous sommes dit au revoir et avons pris des chemins différents. La fois suivante, c'était dans un autre parc. Encore une fois, elle était en retard, mais ça ne m'a pas dérangé. C'était agréable d'avoir quelqu'un à qui parler et qui me **comprenait**. Nous avons parlé de nos rêves et de nos **aspirations**, des choses que nous voulions faire de nos vies. Elle m'a parlé de son projet de voyager dans le monde entier, et j'ai partagé mon rêve de devenir écrivain. Alors que le soleil se couchait sur un autre jour, nous nous sommes dit au revoir une fois de plus, en promettant de rester en contact cette fois-ci.

Gli anni sono passati e la nostra **amicizia** è rimasta forte, anche se ora viviamo in zone diverse del Paese. Ci siamo tenute in contatto tramite lettere e telefonate occasionali, condividendo le notizie della nostra vita. Quando annunciò che si sarebbe sposata, non ne fui **sorpreso**: era sempre stata un tipo **avventuroso**. Ma quando mi chiese di farle da damigella d'onore alla cerimonia di matrimonio che si sarebbe svolta dall'altra parte del mondo rispetto a dove vivevo... ci volle un po' per convincerla! Alla fine, però, non potevo permettere che la mia migliore amica si sposasse senza di me al suo fianco, così, nonostante le mie paure (e dopo molte suppliche da parte sua!), ho **accettato** di partecipare a quella che si è rivelata l'**avventura** di una vita.

Finalmente è arrivato il giorno del **matrimonio**. Ero nervosa, ma entusiasta di partecipare a un momento così importante della vita della mia amica. La cerimonia è stata bellissima e lei sembrava felice mentre pronunciava le sue promesse. **Dopo**, abbiamo festeggiato con una grande festa: sembrava che tutti i suoi conoscenti fossero venuti a festeggiare con lei! È stato un giorno **magico** che non dimenticherò mai, e la nostra amicizia si è rafforzata dopo quell'avventura. Ora, a distanza di anni, ci teniamo ancora in contatto. Siamo **cambiate** molto da quando ci siamo conosciute, ma la nostra amicizia è più forte che mai. Ogni volta che ci incontriamo, che sia in un parco o **dall'altra parte del** mondo, sembra che il tempo non sia mai passato.

Les années ont passé, et notre **amitié** est restée forte, même si nous vivions désormais dans des régions différentes du pays. Nous sommes restés en contact par des lettres et des appels téléphoniques occasionnels, partageant les nouvelles de nos vies respectives. Lorsqu'elle a annoncé qu'elle allait se marier, je n'ai pas été **surpris** - elle avait toujours été du genre **aventureux**. Mais lorsqu'elle m'a demandé si j'accepterais d'être sa demoiselle d'honneur à la cérémonie de son mariage qui se déroulait à l'autre bout du monde, loin de chez moi... il a fallu la convaincre ! En fin de compte, je ne pouvais pas laisser ma meilleure amie se marier sans moi à ses côtés, alors malgré mes craintes (et après qu'elle m'ait beaucoup suppliée !), j'ai **accepté de participer à** ce qui s'est avéré être l'**aventure** de ma vie.

Le jour du **mariage** est enfin arrivé. J'étais nerveux, mais excité de faire partie d'un moment si important dans la vie de mon amie. La cérémonie était magnifique, et elle avait l'air heureuse en prononçant ses vœux. **Ensuite,** nous avons fait une grande fête - on aurait dit que tous ses proches étaient venus célébrer avec elle ! C'était un jour **magique** que je n'oublierai jamais, et notre amitié n'a fait que se renforcer après cette aventure. Aujourd'hui, des années plus tard, nous restons toujours en contact. Nous avons toutes deux beaucoup **changé** depuis notre première rencontre, mais notre amitié est plus forte que jamais.

Domande di comprensione

1. Dove si sono incontrati per la prima volta l'autrice e la sua amica?

2. Perché l'amico dell'autore è arrivato in ritardo all'incontro?

3. Di che cosa hanno parlato gli amici quando si sono rivisti anni dopo?

4. Come si è sentita l'autrice ad assistere alla cerimonia di matrimonio della sua amica?

5. Descrivete l'ambientazione della cerimonia nuziale.

6. Come è cambiata l'amicizia tra le due donne nel corso del tempo?

7. Qual è il sogno dell'autore?

8. Dove intende viaggiare l'amico dell'autore?

9. Perché l'autrice esitava a partecipare alla cerimonia di matrimonio della sua amica?

Questions de compréhension

1. Où l'auteur et son ami se sont-ils rencontrés pour la première fois ?

2. Pourquoi l'ami de l'auteur était-il en retard à leur réunion ?

3. De quoi les amis ont-ils parlé lorsqu'ils se sont retrouvés des années plus tard ?

4. Qu'a ressenti l'auteur en assistant à la cérémonie de mariage de son amie ?

5. Décrivez le cadre de la cérémonie de mariage.

6. Comment l'amitié entre les deux femmes a-t-elle évolué au fil du temps ?

7. Quel est le rêve de l'auteur ?

8. Où l'ami de l'auteur prévoit-il de voyager ?

9. Pourquoi l'auteur a-t-elle hésité à assister à la cérémonie de mariage de son amie ?

www.ingramcontent.com/pod-product-compliance
Lightning Source LLC
Chambersburg PA
CBHW070902160726
48004CB00003B/1205